プリント形式のリアル過去問で本番の臨場感！

東京都
都立

立川国際
中等教育学校

2025年★春 受験用

解答集

本書は，実物をなるべくそのままに，プリント形式で年度ごとに収録しています。
問題用紙を教科別に分けて使うことができるので，本番さながらの演習ができます。

■ 収録内容

・解答集(この冊子です)

　　書籍ＩＤ番号，この問題集の使い方，最新年度実物データ，リアル過去問の活用，
　　解答例と解説，ご使用にあたってのお願い・ご注意，お問い合わせ

・2024(令和６)年度 ～ 2019(平成31)年度　学力検査問題

JN131995

資料の非掲載につきまして

　著作権上の都合により，本書に収録している過去入試問題の資料の一部を掲載しておりません。ご不便をおかけし，誠に申し訳ございません。

〇は収録あり	年度	'24	'23	'22	'21	'20	'19
■ 問題(適性検査Ⅰ・Ⅱ)		〇	〇	〇	〇	〇	〇
■ 解答用紙		〇	〇	〇	〇	〇	〇
■ 配点		〇	〇	〇	〇	〇	〇

全分野に解説
があります

注)問題文等非掲載:2022年度適性検査Ⅱの2

教英出版

■ 書籍ＩＤ番号

入試に役立つダウンロード付録や学校情報などを随時更新して掲載しています。
教英出版ウェブサイトの「ご購入者様のページ」画面で，書籍ＩＤ番号を入力してご利用ください。

書籍ＩＤ番号　106213

（有効期限：2025年9月30日まで）

【入試に役立つダウンロード付録】
「要点のまとめ（国語／算数）」
「課題作文演習」ほか

■ この問題集の使い方

年度ごとにプリント形式で収録しています。針を外して教科ごとに分けて使用します。①片側，②中央のどちらかでとじてありますので，下図を参考に，問題用紙と解答用紙に分けて準備をしましょう（解答用紙がない場合もあります）。

針を外すときは，けがをしないように十分注意してください。また，針を外すと紛失しやすくなりますので気をつけましょう。

① 片側でとじてあるもの

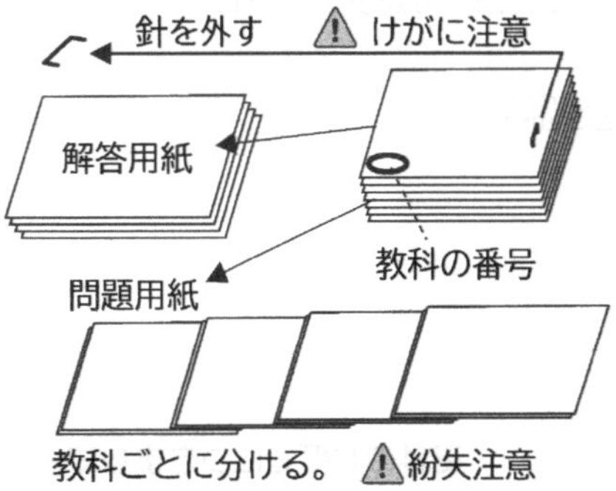

② 中央でとじてあるもの

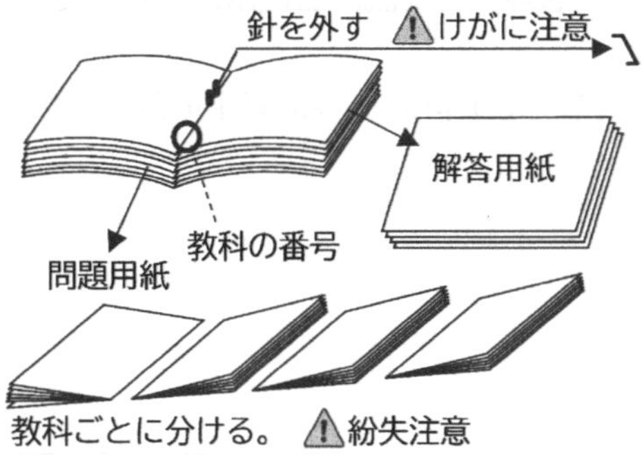

※教科数が上図と異なる場合があります。
　解答用紙がない場合や，問題と一体になっている場合があります。
　教科の番号は，教科ごとに分けるときの参考にしてください。

■ 最新年度 実物データ

実物をなるべくそのままに編集していますが，収録の都合上，実際の試験問題とは異なる場合があります。実物のサイズ，様式は右表で確認してください。

問題用紙	Ａ４冊子（二つ折り）
解答用紙	Ａ３プリント

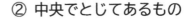

リアル過去問の活用

～リアル過去問なら入試本番で力を発揮することができる～

✿ 本番を体験しよう！

問題用紙の形式（縦向き / 横向き），問題の配置や余白など，実物に近い紙面構成なので本番の臨場感が味わえます。まずはパラパラとめくって眺めてみてください。「これが志望校の入試問題なんだ！」と思えば入試に向けて気持ちが高まることでしょう。

✿ 入試を知ろう！

同じ教科の過去数年分の問題紙面を並べて，見比べてみましょう。

① 問題の量

毎年同じ大問数か，年によって違うのか，また全体の問題量はどのくらいか知っておきましょう。どのくらいのスピードで解けば時間内に終わるのか，大問ひとつにかけられる時間を計算してみましょう。

② 出題分野

よく出題されている分野とそうでない分野を見つけましょう。同じような問題が過去にも出題されていることに気がつくはずです。

③ 出題順序

得意な分野が毎年同じ大問番号で出題されていると分かれば，本番で取りこぼさないように先回りして解答することができるでしょう。

④ 解答方法

記述式か選択式か（マークシートか），見ておきましょう。記述式なら，単位まで書く必要があるかどうか，文字数はどのくらいかなど，細かいところまでチェックしておきましょう。計算過程を書く必要があるかどうかも重要です。

⑤ 問題の難易度

必ず正解したい基本問題，条件や指示の読み間違いといったケアレスミスに気をつけたい問題，後回しにしたほうがいい問題などをチェックしておきましょう。

✿ 問題を解こう！

志望校の入試傾向をつかんだら，問題を何度も解いていきましょう。ほかにも問題文の独特な言いまわしや，その学校独自の答え方を発見できることもあるでしょう。オリンピックや環境問題など，話題になった出来事を毎年出題する学校だと分かれば，日頃のニュースの見かたも変わってきます。

こうして志望校の入試傾向を知り対策を立てることこそが，過去問を解く最大の理由なのです。

✿ 実力を知ろう！

過去問を解くにあたって，得点はそれほど重要ではありません。大切なのは，志望校の過去問演習を通して，苦手な教科，苦手な分野を知ることです。苦手な教科，分野が分かったら，教科書や参考書に戻って重点的に学習する時間をつくりましょう。今の自分の実力を知れば，入試本番までの勉強の道すじが見えてきます。

✿ 試験に慣れよう！

入試では時間配分も重要です。本番で時間が足りなくなってあわてないように，リアル過去問で実戦演習をして，時間配分や出題パターンに慣れておきましょう。教科ごとに気持ちを切り替える練習もしておきましょう。

✿ 心を整えよう！

入試は誰でも緊張するものです。入試前日になったら，演習をやり尽くしたリアル過去問の表紙を眺めてみましょう。問題の内容を見る必要はもうありません。どんな形式だったかな？受験番号や氏名はどこに書くのかな？…ほんの少し見ておくだけでも，志望校の入試に向けて心の準備が整うことでしょう。

そして入試本番では，見慣れた問題紙面が緊張した心を落ち着かせてくれるはずです。

※まれに入試形式を変更する学校もありますが，条件はほかの受験生も同じです。心を整えてあせらずに問題に取りかかりましょう。

立川国際中等教育学校　2024 令和6 年度　適性検査Ⅰ

《解答例》

1　〔問題１〕ぼう大なデータベースをもとに人びとの行動のパターンを分せきし、そのパターンのなかに個人を位置づけることで行動の予測が可能になるという考え方。

〔問題２〕世界を、ぐう然や個性をふくんだ予見不可能なものとして見ること。

〔問題３〕

〈作文のポイント〉

・最初に自分の主張、立場を明確に決め、その内容に沿って書いていく。

・わかりやすい表現を心がける。自信のない表現や漢字は使わない。

さらにくわしい作文の書き方・作文例はこちら！→https://kyoei-syuppan.net/mobile/files/sakupo.html

《解　説》

1　**〔問題１〕**　「このような考え方」が指す内容は，前の段落に書かれている。「膨大《ぼうだい》なデータベース」から「『ある特徴《とくちょう》を持つユーザーがどんな行動をするのか』というパターンが分析《ぶんせき》されていき」，「そのパターンのなかに『私』を位置づけることで，『私』の行動を予測することが」可能になるとある。

〔問題２〕　次の段落にあるように，世界を「具体的に眺《なが》める」とは，未来を「予見不可能なものとして捉《とら》える」ことである。さらに次の段落の「抽象《ちゅうしょう》的な雨」と「具体的な雨」の説明から，具体的な世界は個性を持っているということがわかる。また，さらに後の方に，「この世界をその具体的な姿において眺めたとき，世界は偶然《ぐうぜん》の連続であるように見えます」とある。

《解答例》

1 〔問題1〕太郎さんの作業…かく→切る→切る→切る→切る→切る→切る

花子さんの作業…かく→かく→かく→かく→かく

6枚のマグネットシートを切り終えるのにかかる時間…40

〔問題2〕右表

(得点板の数字を456から987にするのにかかる最短の時間)(16)秒	
(4)→(6)	一の位と百の位のボードを入れかえる。
(6)→(9)	6のボードを180度回す。
(5)→(8)	5にマグネットを2個つける。
(4)→(7)	4にマグネットを1個つけて2個取る。
( )→( )	

2 〔問題1〕AからC／航空機と鉄道の利用わり合は，AからBはほぼ同じであるのに対して，AからCは航空機の方が高い。その理由としては，AからCの航空機と鉄道の料金は，ほぼ変わらないが，航空機の所要時間が約半分だからと考えられる。　〔問題2〕「ふれあいタクシー」の取り組みが必要になった理由…人口が減少し，路線バスの本数が減少したE町が，移動することにこまっている人を対象とした交通手だんを用意するため。

「ふれあいタクシー」導入の効果…75 さい以上の人の多くが，利用者証を得て，「ふれあいタクシー」を利用して買い物や病院へ行くことができるようになった。

3 〔問題1〕750ｇの金属をのせて調べたときも 1000ｇの金属をのせて調べたときも，おもりの数は手順6の板のときが最大であった。そして，手順6の板のみぞの方向に対して糸の引く方向はすい直であり，キャップのみぞの方向に対して手で回す方向もすい直であるから。　〔問題2〕組み合わせ…2号と5号　理由…実験2では同じでなかった条件のうち実験3では同じにした条件は，重さである。1号と3号のすべり下りる時間が同じなのに，1号と6号のすべり下りる時間は同じではなかった。だから，すべり下りる時間が同じになるのは，一番下の板の素材が同じ場合だと考えられるから。

《解　説》

1 **〔問題1〕**　太郎さんは「かく」作業に10分，「切る」作業に5分かかり，花子さんは「かく」「切る」作業のどちらも7分かかる。よって，「かく」作業は花子さん，「切る」作業は太郎さんができる限りするように考える。

最初の作業はどちらも「かく」作業になり，かいた枚数よりも切った枚数の方が多くならないように，2人の作業をまとめると，右図のようになる。このとき，太郎さんの作業時間は $10+5\times6=40$(分間)，花子さんの作業時間は $7\times5=35$(分間)

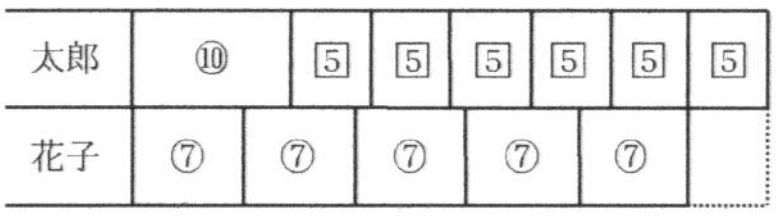

※単位は「分」であり，「かく」作業は○印，「切る」作業は□印で表す。

だから，45分未満で終わらせることができる。解答例以外にも，条件に合えば他の手順，時間となってもよい。

〔問題2〕　2枚のボードを入れかえること(操作4)を行うかどうかで，場合を分けて考える。

操作4を行わない場合，〔4〕→〔9〕はマグネットを2個つける，〔5〕→〔8〕はマグネットを2個つける，〔6〕→〔7〕は180°回してマグネットを3個とるのが最短の方法で，$2\times2+2\times2+(3+2\times3)=17$(秒)

かかる。

操作4を行う場合，〔6〕→〔7〕に時間がかかることを考えると，6を他の数字と入れかえたい。〔6〕→〔9〕は180°回転させるだけでよいので，最初に4と6を入れかえる。〔6〕→〔9〕は180°回す，〔5〕→〔8〕はマグネットを2個つける，〔4〕→〔7〕はマグネットを1個つけて2個とるのが最短の方法で，

3＋3＋2×2＋2×3＝16(秒)かかり，こちらの方法が最短となる。

2 〔問題1〕 AからDを選んだ場合の解答は，「航空機と鉄道の利用わり合は，AからBはほぼ同じであるのに対して，AからDは鉄道の方が高い。その理由としては，AからDの航空機と鉄道の所要時間は，ほぼ変わらないが，鉄道の料金が航空機の料金の約3分の2だからと考えられる。」となる。移動手段を考える場合，所要時間と料金のどちらを重視するかで選択が変わってくる。所要時間が同じなら料金の安い方，料金が同じなら所要時間の短い方を選択するのが，一般的な消費者の行動と言える。数値が比較しにくいときは，(料金)÷(所要時間)から，単位時間あたりの料金を求めるか，(所要時間)÷(料金)から，単位料金あたりの所要時間を求めるかして比べてみればよい。

〔問題2〕 表2からE町における路線バスの平日一日あたりの運行本数が減っていることを読み取り，図2からE町の人口が減っていることを読み取る。次に，路線バスの運行本数が減って困る人がどのような人かを，図3から読み取る。そうすれば「ふれあいタクシー」の取り組みが必要になった理由を考えることができる。また，表3から，利用者証新規交付数が減少するなか，利用者証累計交付数が，E町の75歳以上の人口の数値に近づいていて，75歳以上の人の多くが利用者証の交付を受けていることを読み取る。

3 〔問題1〕 手でつかむ力が大きいときを1000gの金属をのせたとき，手でつかむ力が小さいときを750gの金属をのせたときとして考える。また，結果では，プラスチックの板が動いたときのおもりの数が多いほど，すべりにくいと考えればよい。なお，実験でプラスチックの板が動くときが，キャップが開くときではない。

〔問題2〕 組み合わせについては，解答例の他に「4号と6号」でもよい。このときの理由は，「2号と5号」のときと同じで，実験3では重さを同じにしたこと，一番下の板の素材が同じであればすべり下りる時間が同じになると考えられることについてまとめてあればよい。

《解答例》

1 〔問題1〕自然を守る理由はたくさんあり、その多様な理由を全てそん重しながら議ろんしていくことで、よりよい結ろんを生み出せるという考え。　〔問題2〕開発やらんかくのように人間の行いによって起こるか、里山のこうはいのように人間が管理を放きしたことで起こるかのちがい。

〔問題3〕

筆者が、家屋と掃除の関係という身近な例を挙げて説明したことは、自然を守るということでいえば「保全」にあたり、人間が手を入れながら守ることを示している。たとえば、人が手を入れてつくりあげた里山は、末永く手入れを続けなければいけない。これと同じように、いったん人が手を加えたものに関しては、手を加え続けて維持しなければならない。

こうした態度は、学校生活においてリーダーとして目標を達成する上で、大切な心構えになると思う。たとえば、自分のクラスの目標を「失敗をおそれずにちょう戦する」と決めたとする。目標を決めたときはみんなの気持ちが一つになっていても、リーダーとして何もしなかったら、だんだんとみんなの意欲がうすれて、やがて忘れられてしまうだろう。リーダーは、みんなのモチベーションを保つために、日々の活動のなかで、目標を意識させるような呼びかけや、みんなが意欲的になるような声かけなどをし続ける必要がある。また、どのようなちょう戦をしたかを発表したり書いたりする機会を作り、自分の取り組みの内容を意識させることも必要だと思う。

《解　説》

1 **〔問題1〕** すぐ後で，自然を守る理由について，アメリカの環境倫理《かんきょうりんり》学は「道具的価値」と「内在的価値」という二つの答えを用意したと説明している。しかし，筆者は，「自然を守る理由をもっとたくさん挙げることができるのに，どうしてこの二つに絞《しぼ》らなければならないのか」と述べ，この二つの理由に絞って議論をすることに対し，否定的である。そして「先の二分法にとらわれず，多様な理由をすべて尊重しながら議論していくほうが，よりよい結論を生み出すように思われます」と述べている。

〔問題2〕 直後に「それと対応する形で，自然保護にも二つのタイプがあります～それが『保存』と『保全』なのです」とある。したがって，「保存」と「保全」に対応する自然破壊《はかい》を説明した部分を探す。まず，「保存」がなされるべき自然破壊は，「開発や乱獲《らんかく》といった人間の行い」によるものである。一方，「保全」がなされるべき自然破壊は，「里山の荒廃《こうはい》という形の自然破壊」のように，「人が手を入れなくなったこと」で起こる自然破壊である。

立川国際中等教育学校　2023 令和5年度　適性検査Ⅱ

《解答例》

1　〔問題1〕道順…(エ)→キ→オ→イ→カ　式と文章…5＋7×1.4＋7＋10×1.4＋13＝48.8　ロボットの分速は 12m なので，1m進むには，5秒かかる。ブロックを1個運んでいるときは7秒，ブロックを2個運んでいるときは10秒，ブロックを3個運んでいるときは13秒かかる。また，1.4m進むためには，1m進むときよりも時間は1.4倍かかる。わたしが考えた道順に合わせて，かかる時間をそれぞれたし合わせると，48.8秒になる。

〔問題2〕A，B，D／右表

表5　太郎《たろう》さんと花子さんがさらに書きこんだ表

	①の電球	②の電球	③の電球	④の電球
Aのスイッチ	×	○	○	×
Bのスイッチ	○	×	○	○
Cのスイッチ	×	○	○	○
Dのスイッチ	×	×	×	○
Eのスイッチ	○	○	○	×

2　〔問題1〕第2次産業／しゅう業数者は，1960年と比べて1990年は増加し，1990年と比べて2020年は減少している。しゅう業者数の最も多い年れいそうは，1960年は15～24さい，1990年は35～44さい，2020年は45～54さいと変化している。

〔問題2〕図2…①　図3…⑤　農家の人たちの立場…共通する利点は，カフェ事業を始めたり，新しい観光ルートを提案したりして，来客数が増えて，売り上げが増加したことである。　農家以外の人たちの立場…消費者にとって共通する利点は，新しくできたカフェをおとずれたり，加工工場見学などの新しい観光ルートを体験したりして，新たなサービスを受けられるようになったことである。

3　〔問題1〕⑴ウ　⑵葉の面積を同じにしたときの葉についたままの水の量が多いか少ないかを比べ，水てきが葉とくっついている部分の大きさが大きいか小さいかを比べることによって判断した。

〔問題2〕⑴図3から黒色のインクがついた部分がより少ないので，すき間がより広いと考えられ，図4からおもりをのせるとよりちぢむので，厚みがある方向にもすき間がより広いと考えられる。つまり，あらゆる方向に，水が入ることができるすき間がより多いから。　⑵じょう発した水の量は，箱とシャツの合計の重さが軽くなった量からTシャツの重さが重くなった量を引くことによって求められる。キは，Tシャツによってきゅうしゅうされた水の量とじょう発した水の量のどちらも最も多いから。

《解　説》

1　〔問題1〕　ロボットの移動する速さは何も運んでいないとき分速12mだから，1m進むのに60÷12＝5(秒)，1.4m進むのに5×1.4＝7(秒)かかる。同様にして，ブロックを運んでいるときの個数と時間をまとめると，右表のようになる。

運んでいるブロックの数	1m進むのにかかる時間	1.4m進むのにかかる時間
0個	5秒	7秒
1個	7秒	9.8秒
2個	10秒	14秒
3個	13秒	18.2秒

時間の合計の小数第一位を8にするためには，9.8秒かかる進み方を1回だけ行い，あとはかかる時間が整数になるようにしたい。

まずは時間が最短となるような道順を考えてみる。時間を最短にする方法として，倉庫に行くのを1回ですませたいので①「3つのブロックをまとめて倉庫まで運ぶ場合」と，ブロックを3つ運ぶことでロボットがおそくなることをさけたいので②「途《と》中《ちゅう》で倉庫にブロックをおろす場合」の2パターンが考えられる。

①の場合，ブロックを2つまたは3つ運んでいる状態をなるべく短くしたいので，ブロックの位置をまわる順番は

キ→イ→カとしたい。この場合最短の道のりを通るには，エまたはクをスタートして，キ→オ→イ→カ→ケとまわればよい。このときかかる時間は，５＋9.8＋７＋14＋13＝48.8(秒)となる。よって，これが求める道順である。

②の場合，ブロックの位置をイ→カとまわってから倉庫に２つおろしたいので，ア，ウ，オのいずれかからスタートして，イ→カ→ケ→ク→キ→ク→ケとまわればよい。このときかかる時間は，５＋9.8＋10＋５＋５＋７＋７＝48.8(秒)となる。よって，これも求める道順である。

解答例のように適切に式と文章で説明してあれば，いずれの道順でもよい。

〔問題２〕　まずはそれぞれの電球について，対応するスイッチを確定させていく。②の電球について，ヒント(あ)から，BとCの一方が○でもう一方が×とわかる。よって，ヒント(い)から，Dは×で確定する。したがって，ヒント(う)から，Eは○で確定する。

③の電球について，表４よりBとCはともに○か×だから，ヒント(い)から，Dは×で確定する。また，ヒント(う)から，Eは○で確定する。

④の電球について，ヒント(あ)から，BとCはともに○か×だから，ヒント(い)から，Dは○で確定する。

また，ヒント(う)から，Eは×で確定する。

以上より，DとEはすべて確定するので，下の表のようになる。

ヒント(あ)	②の電球
Aのスイッチ	○
Bのスイッチ	○
Cのスイッチ	×

または

ヒント(あ)	②の電球
Aのスイッチ	○
Bのスイッチ	×
Cのスイッチ	○

ヒント(い)	②の電球
Bのスイッチ	○
Cのスイッチ	×
Dのスイッチ	×

または

ヒント(い)	②の電球
Bのスイッチ	×
Cのスイッチ	○
Dのスイッチ	×

ヒント(う)	②の電球
Aのスイッチ	○
Dのスイッチ	×
Eのスイッチ	○

ヒント(あ)	④の電球
Aのスイッチ	×
Bのスイッチ	○
Cのスイッチ	○

または

ヒント(あ)	④の電球
Aのスイッチ	×
Bのスイッチ	×
Cのスイッチ	×

ヒント(い)	④の電球
Bのスイッチ	○
Cのスイッチ	○
Dのスイッチ	○

または

ヒント(い)	④の電球
Bのスイッチ	×
Cのスイッチ	×
Dのスイッチ	○

ヒント(う)	④の電球
Aのスイッチ	×
Dのスイッチ	○
Eのスイッチ	×

	①の電球		②の電球		③の電球		④の電球	
Aのスイッチ	×		○		○		×	
Bのスイッチ	○	×	○	×	○	×	○	×
Cのスイッチ	×	○	×	○	○	×	○	×
Dのスイッチ	×		×		×		○	
Eのスイッチ	○		○		○		×	

よって，BかCはどちらか一方が確定すればもう一方も確定する。したがって，例えばA，B，Dを押した後に明かりがついていたのは①と②の電球だとすると，Bを押したとき①から④の電球はそれぞれ○，×，○，○と確定し，これによってCを押したとき①から④の電球はそれぞれ×，○，○，○と確定するので，A，B，Dは解答の１つである。同様に，B，Cの中から１つ，A，D，Eの中から２つを選んだ組み合わせであればどのような組み合わせでもよいが，組み合わせによってBとCに反応する電球は変化する。

2　〔問題１〕　第３次産業を選んだ場合，「就業者数は，1960 年と比べて 1990 年は増加し，1990 年と比べて 2020 年も増加している。就業者数の最も多い年齢層は，1960 年は 25～34 歳，1990 年は 35～44 歳，2020 年は 45～54 歳と変化している。」となる。1960 年の第３次産業人口は 453＋474＋319＋248＋130＋39＋６＝1669(万人)，1990 年の第３次産業人口は 533＋786＋945＋760＋451＋134＋33＝3642(万人)，2020 年の第３次産業人口は 321＋645＋813＋971＋766＋444＋108＝4068(万人)だから，確実に増えている。また，産業別の就業者数の最も多い年齢層は，徐々に上がっていることが読み取れ，どの産業においても，就業者の高齢化が進んでいることがわかる。

〔問題２〕　＜具体的な取り組み＞の利点をまとめてみよう。

	農家の人たちの立場	農家以外の人たちの立場
①	来客数が増加する。	新鮮な卵を使ったメニューが食べられる。
②	卵や肉などの売り上げが増える。	宿泊と地元の料理が楽しめる。
③	体験をする観光客が増える。	都会では味わえない体験ができる。
④	捨てていたしいたけを出荷できる。	新たなメニューを楽しめる。
⑤	観光客が増える。	工場見学ができる。
⑥	販売品目が増える。	新たな商品を購入できる。

例えば③と⑤を選べば，農家の人たちの立場から共通する利点は，「家族連れの観光客の数が増える。」，農家以外の人たちの立場から共通する利点は，「飼育体験や工場見学など都会ではできないような体験ができる。」などが考えられる。農家の人たちの立場からの利点は，「売り上げが増えるための工夫」を読み取ろう。農家以外の人たちの立場からの利点は，「商品や体験から得られる価値」を考えよう。

3　〔問題１〕　太郎さんと花子さんの会話より，水滴《すいてき》が転がりやすいかどうかを判断するときには，表２の結果だけに着目するのではなく，表１でそれぞれの葉の面積が異なることにも着目しなければならないことがわかる。表２の10枚の葉についたままの水の量を表１の葉の面積で割った値が小さいものほど，同じ面積についたままの水の量が少ない，つまり水滴が転がりやすいと考えればよい。よって，その値が約0.1のアとイとエは水滴が転がりにくい葉，約0.02のウとオは水滴が転がりやすい葉と判断できる。

〔問題２〕(1)　水を多く吸収できるということは，吸収した水をたくわえておくことができるすき間が多くあるということである。粒《つぶ》が小さいどろがたい積した層ではすき間がほとんどないため水を通しにくいのに対し，粒が大きい砂がたい積した層ではすき間が大きいため水を通しやすいことと同様に考えればよい。　(2)　カでは，箱とシャツの合計の重さが1648.3－1611＝37.3(g)軽くなっているが，これがすべて蒸発した水の量ではない。Ｔシャツの重さに着目すると，189.8－177.4＝12.4(g)重くなっている。つまり，Ｔシャツが吸収した37.3gのうち，12.4gはＴシャツに残っているから，蒸発した水の量は37.3－12.4＝24.9(g)と求められる。キについても同様に考えると，Ｔシャツが吸収した水が45.9g，Ｔシャツに残っている水が18.8g，蒸発した水が45.9－18.8＝27.1(g)である。また，クについては変化した23.1gが蒸発した水の量である。以上のことから，蒸発した水の量が多い順に，キ＞カ＞クとなる。よって，ポリエステルは木綿よりも水を吸収しやすく，かわきやすい素材だと考えられる。

《解答例》

1　〔問題1〕自分の思いを言葉にすることで、自分の経験に意味をあたえ、整理することができるから。

〔問題2〕読書をして、わすれていた体験や経験が思いうかんだことがきっかけで、連想によっていろいろなことが引き出され、いろいろな時期の自分にふれることができること。

〔問題3〕（例文）

筆者が、読書の効用を活かすには、関心の幅を狭めずに、あえていろんな領域の本を読むように心がけるのがよいと述べたのは、いろんな領域の本を読むことで、異質な知識やものの見方・考え方に触れることができ、それによって心の世界を広げ、異質な他者に対する寛容な態度を身につけることができるからだ。さらには、いろんな視点を自分の中に取り込むことで、物事を多角的にみることができ、深くじっくりと考えることができるようになるのである。

このような考えは、学校生活の学級会などの話し合いの場面で生かせると考える。私はこれまで、自己中心的な考えから自分の意見をおし通し、他者の意見には聞く耳を持たないというけい向があった。今後は、これまでより積極的に読書をして、いろんな考え方があることを学び、他者の意見を尊重し、自分の考えと比かくしたり、自分の考えをより深めたりできるようにしたい。

《解　説》

1　**〔問題1〕**　直後の「それが自分の過去の経験や現在進行中の経験を整理することにつながるからだ」や、次の段落の「自分の内面で起こっていることを書いたり語ったりすることは、まだ意味をもたない解釈《かいしゃく》以前の経験に対して、書いたり語ったりすることのできる意味を与《あた》えていくことだと言ってよい。それによって経験が整理されていく」などからまとめる。

〔問題2〕　本を読むことの「自分自身に出会うという効用」については、２～３段落前に書かれている。「本を読んでいると、自分の記憶《きおく》の中に眠《ねむ》っているさまざまな素材が活性化され、ふだん意識していなかった記憶の断片《だんぺん》が浮《う》かび上がり～いろいろなことが連想によって引き出されてくる」「書かれている文章に刺激《しげき》されて、長らく意識にのぼることがなかったいろんな時期の自分に触《ふ》れることができる」などからまとめる。

〔問題3〕　傍線部《ぼうせんぶ》の「そうした読書の効用」とは、「異質《いしつ》な知識やものの見方・考え方に出会う」ことで、「心の世界を広げ、異質な他者に対する寛容《かんよう》な態度を身につける」ことにつなげたり、「いろんな視点《してん》を自分の中に取り込《こ》むことで、物事を多角的にみることができ、深くじっくりと考えることができるように」なったりすることである。こうした効用を活かすためには、なるべくいろいろな領域の本を読むことで、いろいろな見方・考え方に出会う方がよいといえる。

《解答例》

1 〔問題１〕⑴4.06　⑵直角三角形…20　正三角形…10　円…７

説明…１本のモールは，直角三角形を６個，正三角形を３個作るように切る。

１本のモールは，直角三角形を６個，正三角形を２個，円を１個作るように切る。

１本のモールは，直角三角形を６個，正三角形を１個，円を２個作るように切る。

１本のモールは，直角三角形を２個，正三角形を４個，円を４個作るように切る。

〔問題２〕⑴右図のうち１つ

⑵２，３，４

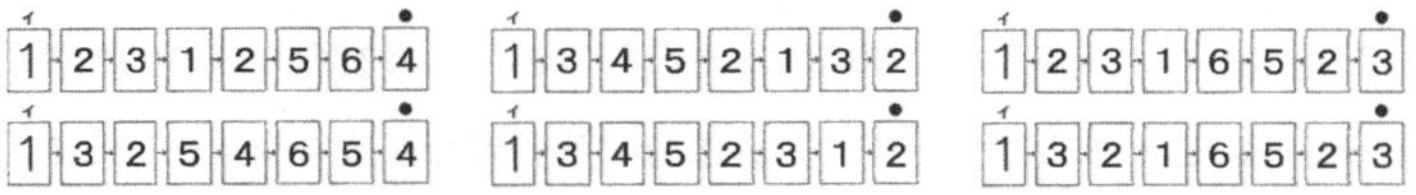

2 〔問題１〕サケのルイベ…サケのルイベに「雪にうめて，こおらせる」という保存方法が用いられているのは，小樽市の冬の平均気温が０度以下だから。　マアジのひもの…マアジのひものに「日光に当てて干す」という保存方法が用いられているのは，小田原市の冬の降水量が夏に比べて少なく，日光に当てることができたから。

ブリのかぶらずし…ブリのかぶらずしに「甘酒につけて，発酵をうながす」という保存方法が用いられているのは，金沢市の冬は降水量が多く，空気がしめっており，発酵が進む気温だから。

〔問題２〕（米と小麦の例文）米がとれる地域と小麦がとれる地域の年平均気温と年間降水量をそれぞれ比べると，米がとれる地域の年平均気温は高く，年間降水量は多いが，小麦がとれる地域の年平均気温は低く，年間降水量は少ない。

3 〔問題１〕⑴選んだもの…ウ　理由…実験１から，色がついているよごれを最もよく落とすのは，アとウであることが分かる。そして，実験２から，アとウを比べると，ウの方がより多くでんぷんのつぶを減少させることが分かるから。　⑵５分後のつぶの数をもとにした，減少したつぶの数のわり合は，水だけの場合よりも液体ウの場合の方が大きいから。

〔問題２〕⑴せんざいの量を28てきより多くしても，かんそうさせた後のふきんの重さは減少しないので，落とすことができる油の量は増加していないと分かるから。

⑵サラダ油が見えなくなるもの…Ａ，Ｂ，Ｃ，Ｄ　洗剤…４

《解　説》

1 **〔問題１〕⑴⑵**　図２の周りの長さは，直角三角形が３＋４＋５＝12(cm)，正三角形が３×３＝９(cm)，円が３×3.14＝9.42(cm)である。１ｍ＝100 cmだから，100÷12＝８余り４，100÷９＝11余り１より，すでに切ってある２本のモールからは，直角三角形が８個，正三角形が11個できる。また，２本のモールの余りの長さの合計は４＋１＝５(cm)である。

図３のカード１枚には，直角三角形が４個，正三角形が３個，円が１個あるので，図３のカードを１枚作るのに，モールは12×４＋９×３＋9.42＝84.42(cm)必要である。モールは全部で６ｍ＝600 cmあるから，無駄なく使うと考えると，600÷84.42＝７余り9.06より，図３のカードは最大で７枚できる。よって，モール６本で図２の直角三角形が４×７＝28(個)，正三角形が３×７＝21(個)，円が１×７＝７(個)できるかを考える。残り４本のモールで直角三角形が28－８＝20(個)，正三角形が21－11＝10(個)，円が７個できればよい。また，このときの６本

のモールの余りの長さの合計は9.06㎝だから，図３のカードが７枚できるのであれば，４本のモールの余りの長さの合計は9.06－５＝4.06(㎝)となる。
４本のモールについて，１本あたりの余りの長さが約１㎝になればよいので，これを基準に，余りの長さに注目して考える。また，必要な直角三角形と正三角形の個数の比は20：10＝２：１だから，この比となるようにできるだけ多く直角三角形と正三角形を１本のモールから作ろうとすると，直角三角形を６個，正三角形を３個作ることができ，このときの余りは100－12×６－９×３＝１(㎝)となる。ここから，正三角形を１個減らして円を１個増やすと，余りは9.42－９＝0.42(㎝)減るから，この操作を全部で２回できる。よって，３本のモールからそれぞれ，「直角三角形６個と正三角形３個」，「直角三角形６個と正三角形２個と円１個」，「直角三角形６個と正三角形１個と円２個」を作ることができるので，あと１本のモールから，直角三角形が20－６×３＝２(個)，正三角形が10－３－２－１＝４(個)，円が７－１－２＝４(個)できればよい。12×２＋９×４＋9.42×４＝97.68より，１本のモールから直角三角形が２個と正三角形が４個と円が４個できるので，解答例のような切り方が考えられ，カードは７枚作れる。
この考え方以外にも，モールの切り方は次のように考えることもできる。
４本のモールの余りは4.06㎝であり，モールの余りが小数になるのは円を作ったときだから，先に円を７個作ることを考える。１本のモールから円を７個作り，さらにできるだけ余りが少なくなるように直角三角形と正三角形を作ろうとすると，「直角三角形２個と正三角形１個と円７個」を作ることができ，このときの余りは
100－12×２－９－9.42×７＝1.06(㎝)となる。残り３本のモールの余りの合計は4.06－1.06＝３(㎝)だから，「直角三角形６個と正三角形３個」を作る(余りは１㎝)ことを３回行うと，４本のモールの余りの合計が4.06㎝となり，直角三角形を20個，正三角形を10個，円を７個作ることができる。
モールの切り方は解答例やこの方法以外にもいくつかある。
〔問題２〕(1)(2)　図４の一番左の図で，上の頂点を□，下の頂点を■とする。□が動かないように立体を転がすと，机に接する面は「１，２，３」のいずれかになり，■が動かないように立体を転がすと，机に接する面は「４，５，６」のいずれかになる。また，□または■が動くように立体を転がすと，机に接する面は「１⇔６」「２⇔５」「３⇔４」のように変化する。
このことに注意すると，■が最初に接するのは，図ｉのａ～ｅのいずれかとなる。最初にｃ，ｄで接する場合は７回の移動で●のマスまで移動できないので，ａ，ｂ，ｅについて考える。
ａのときの接する面の数字は図ⅱのようになり，●のマスは４で，７回の転がし方は「イ(１)→２→３→１→２→５→６→●(４)」「イ(１)→３→２→５→４→６→５→●(４)」の２通りある。
ｂのときの接する面の数字は図ⅲのようになり，●のマスは２で，７回の転がし方は「イ(１)→３→４→５→２→１→３→●(２)」「イ(１)→３→４→５→２→３→１→●(２)」の２通りある。
ｅのときの接する面の数字は図ⅳのようになり，●のマスは３で，７回の転がし方は「イ(１)→２→３→１→６→５→２→●(３)」「イ(１)→３→２→１→６→５→２→●(３)」の２通りある。
したがって，●のマスに接する面の数字は２，３，４である。

図ｉ
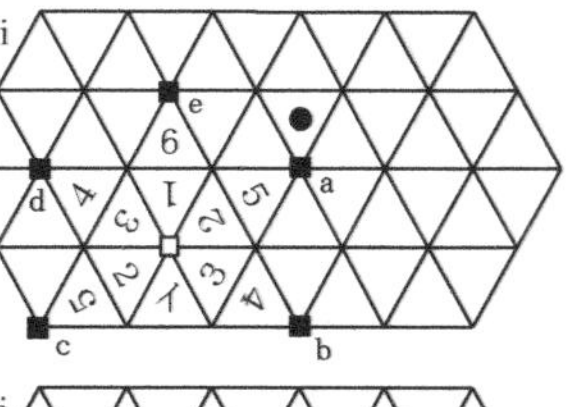

図ⅱ
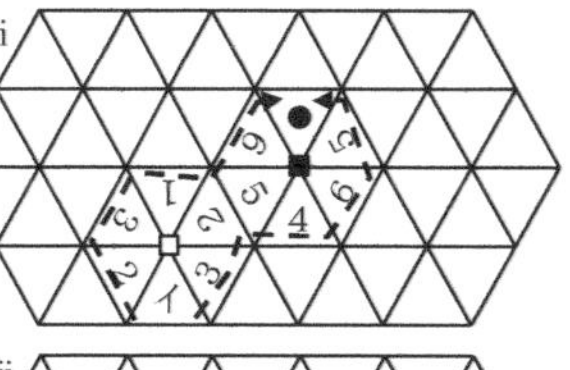

図ⅲ
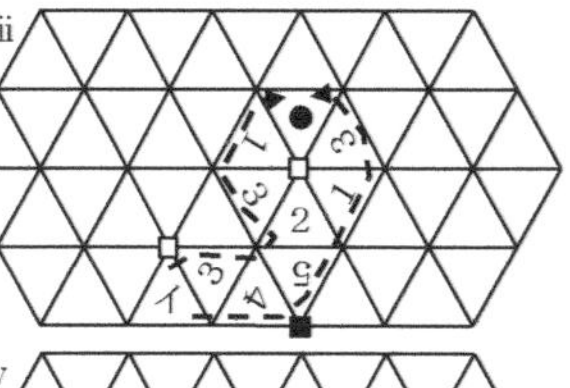

図ⅳ
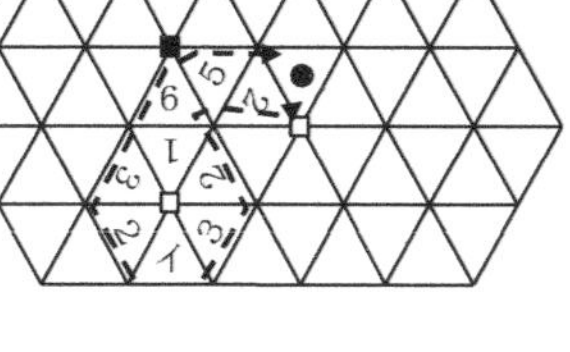

2 〔問題１〕 図１の保存方法から地域の気候の特徴を読み取り，図２の都市の冬(12月１月)の降水量や気温と関連付ける。 〔サケのルイベ〕 図１で雪にうめてこおらせていることから，冬にまとまった雪が降ると考えられる。それを踏まえて図２を見ると，北海道小樽市の冬の気温がマイナスなので，寒さが厳しいことが読み取れる。

〔マアジのひもの〕 図１で空気がかわいた時期に天日干ししていることから，冬にかんそうした晴れの日が多いと考えられる。それを踏まえて図２を見ると，神奈川県小田原市の冬の降水量が100㎜以下で少ないことが読み取れる。 〔ブリのかぶらずし〕 図１で空気がしめっている時期に発酵させていることから，冬の降水量が多いと考えられる。それを踏まえて図２を見ると，石川県金沢市の冬の降水量が250～300㎜で多いことが読み取れる。
また，冬の気温が５度以上であることに着目すれば，発酵に適した温度だと導ける。

〔問題２〕 図４より，①と②は小麦，③と⑤はそば，④と⑥は米が材料である(右図参照)。解答例の他，「そばがとれる地域の年平均気温は低く，年間降水量は多い。」も考えられる。

図５ 先生が示した図

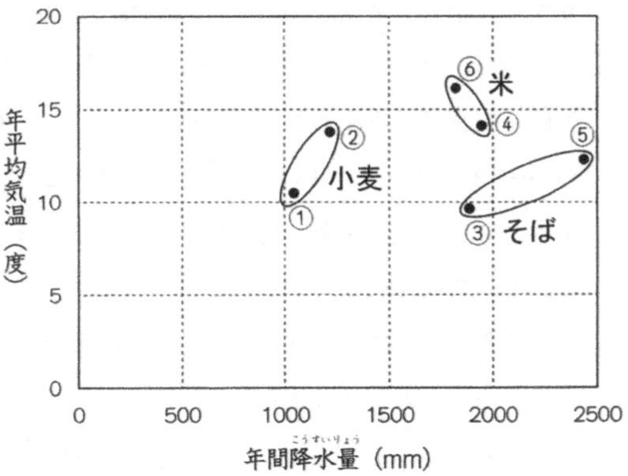

3 〔問題１〕(1) ここでは５分間液体につけておくときのよごれの落ち方を考える必要があるので，表１と２では，５分後の結果に着目し，表１からは色がついているよごれの落ち方，表２からはでんぷんのよごれの落ち方を読み取る。５分間では，色のついているよごれはアとウで最も落ちやすく，でんぷんのよごれはウで最も落ちやすい。よって，どちらのよごれも落ちやすいウが適切である。 (2) 表２より，水だけのときの５分後の粒《つぶ》の数は804，60分後の粒の数は484だから，55分間で804－484＝320減っている。５分後の粒の数をもとにした，減少した粒の割合は320÷804×100＝39.8…(％)である。ウについても同様にして求めると，(476－166)÷476×100＝65.1…(％)となるから，ウの方がでんぷんのよごれの程度をより変化させたといえる。

〔問題２〕(1) 表３の乾燥《かんそう》させた後のふきんの重さから最初のふきんの重さ20.6ｇを引いたものが，ふきんに残っているサラダ油の重さだと考えられる。24滴《てき》までは，洗剤《せんざい》の量を多くすると，残っている油の重さが軽くなっていくが，28滴のときには24滴のときよりも多くの油が残っていて，28滴より多くしても残っている油の重さが軽くならないから，太郎さんの予想は正しくないといえる。 (2) サラダ油100滴の重さが2.5ｇだから，サラダ油0.4ｇは100×$\frac{0.4}{2.5}$＝16(滴)である。よって，表４で，加えたサラダ油の量が16滴より多いＡ～Ｄでは，液体の上部にサラダ油が見えなくなる。また，実験４から考えられる，サラダ油0.4ｇを落とすことができる最低限の洗剤の重さは，サラダ油の量が17滴のときに上部にサラダ油が見えた(16滴のサラダ油は落とすことができる)Ｄに入っている洗剤の重さと同じである。入っている洗剤の重さは，Ａが１ｇの半分，ＢがＡの半分，ＣがＢの半分，ＤがＣの半分だから，Ｄに入っている洗剤の重さは$1\div\overset{A}{2}\div\overset{B}{2}\div\overset{C}{2}\div\overset{D}{2}$＝0.0625(ｇ)である。よって，洗剤100滴の重さが２ｇだから，洗剤0.0625ｇは100×$\frac{0.0625}{2}$＝3.125(滴)であり，最低４滴の洗剤が必要である。

《解答例》

1 〔問題１〕芽を出す時期がバラバラで、どのように世話をしても、人間の想定したとおりに育てられないということ。

〔問題２〕雑草が生えているかんきょうによって、早く芽を出したほうがよい場合もあれば、おそく芽を出したほうがよい場合もあるから。

〔問題３〕(例文)

答えがないことの多い自然界で生物が生き残るには、一様であるよりも、多様性を持っているほうがよい。なぜなら、かんきょうの変化に応じることができるからだ。バラバラであることは、生物にとっての強みである。

これを「人間の世界」に置きかえると、バラバラな個性の人たちが協力することで物事がうまくいくということに当てはまる。児童会で、読書週間の取り組みについて話し合った。各クラスの代表、各委員会の代表、各クラブの代表が出席したので、さまざまな視点から意見が出た。その結果、本が好きな人もそうでない人も、インドア派もアウトドア派も、みなが読書に親しめる楽しいきかくが生まれ、全校児童に好評だった。ちがうタイプの人がいっしょに活動することで、おたがいの得意なところを生かし、苦手なところを補い合うことができると感じた経験だった。

バラバラであることのよさを感じたこの経験を、新しいクラスや部活動で、異なる個性を持った友だちと協力する際に生かしていきたい。似た者同士で固まったり、均一であることをよしとしたりするのではなく、感じ方や考え方のちがいを認め、おたがいを尊重することで、よりよい結果を出していきたい。

《解　説》

1 **〔問題１〕** 直後の段落《だんらく》から，雑草を育てる難《むずか》しさが具体的に説明されている。その内容をまとめた，６段落後を参照。「雑草は～結局バラバラで扱《あつか》いにくい存在《そんざい》です～育てにくい存在でもあるのです」とある。つまり，「私たちの思うようにいかない」とは，人間にとって「バラバラで扱いにくい」ということ。「バラバラ」「扱いにくい」がどういうことかを説明する。人間の想定したとおりに育つ野菜や花の種とは違《ちが》う，「(雑草は)種を播《ま》いても水をやっても～芽が出てこないことがあるのです」「雑草は芽を出す時期は自分で決めます。人間のいうとおりには，ならないのです」「雑草は芽が出たとしても時期がバラバラです」といった性質に着目し，まとめる。

〔問題２〕 直後に「同じ理由」とあるのが，どのような理由かを読み取る。直前までに述べてきた，「オナモミ」の実が，「すぐに芽を出す」「なかなか芽を出さない」という「性格の異《こと》なる二つの種子を持っている」理由と同じだということ。それは，「早く芽を出したほうが良いのか，遅《おそ》く芽を出したほうが良いのかは，場合によって変わります～早く芽を出したほうがいい場合もあります。しかし～そのときの環境《かんきょう》が～適しているとは限りません～遅く芽を出したほうがいい場合もあります」というものである。同じことを，傍線部の 11～12 段落後で「早いほうがいいときがあるかも～じっくりと芽を出したほうがいいかも～環境が変われば，どちらが良いかは変わります～答えがないのですから，『どちらもある』というのが，雑草にとっては正しい答えになります。だから，雑草はバラバラでありたがるのです」と述べているのも参照。

〔問題３〕 直前に「個性(バラバラな性格)は生物が生き残るために作り出した戦略です」とあるとおり，バラバラなのは，生き残るためだということ。本文では，雑草のバラバラな性格について取り上げ，「どうしてバラバラであることが良いのでしょうか」と問いかけたうえで，「自然界には，答えのないことのほうが多いのです」「環境が変われば，どちらが良いかは変わります～答えがないのですから，『どちらもある』というのが～正しい答えになります～バラバラであることが強みです」と述べている。これらの内容を第一段落でまとめよう。第二段落以《い》降《こう》では，「人間の世界」における，バラバラであることの強み，つまり，さまざまな個性を持つ人がいることの良さや，多様性の大切さを感じたことを，「見たこと，聞いたことなどの中から具体的」に取り上げよう。そして，入学後の学校生活を想像したり，思いえがく将来に向けてどのように過ごしたいかを考えたりしながら，「今後どのように生かしていくか」を書こう。

《解答例》

1　〔問題1〕右図　説明…AとCの和はBの2倍になっていて，DとFの和はEの2倍になっている。したがって，BとEの和の3倍が，6個の数の和と同じになる。

135÷3＝45 なので，BとEの和が 45 になる場所を見つければよい。

14	21	28
16	24	32

〔別解〕

16	20	24
20	25	30

〔問題2〕アの側面に書く4個の数…1，2，3，5　イの側面に書く4個の数…1，3，4，5

ウの側面に書く4個の数…1，2，3，7　エの側面に書く4個の数…1，3，4，7

〔アの展開図〕

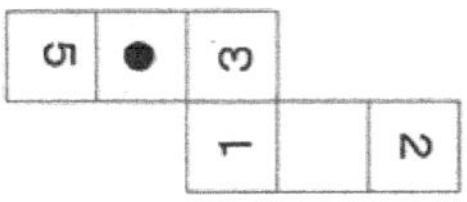

〔イの展開図〕

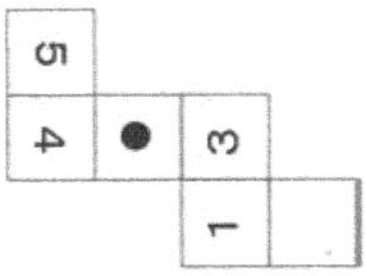

〔ウの展開図〕

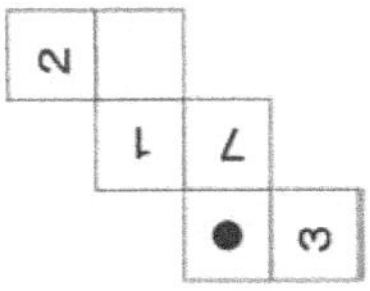

〔エの展開図〕

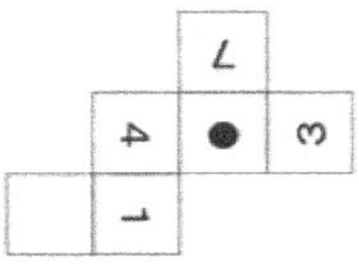

2　〔問題1〕図1より，主ばつに適した林齢は，50 年以上であることが分かる。図2の 2017 年の林齢構成をみると，主ばつに適した林齢 50 年を経過した人工林の面積は大きいが，林齢 30 年よりもわかい人工林の面積は小さい。1976 年，1995 年，2017 年の変化から，林齢 50 年以上の人工林が主ばつされると，しょう来，主ばつに適した人工林は少なくなっていくことが予想される。よって，利用することのできる木材の量が減ることが課題である。

〔問題2〕（図3と図4を選んだときの例文）図3のように商品を生産する立場の人たちが，間ばつ材を使った商品を開発したり，利用方法を考えたりすることで，さまざまな商品が生まれる。また，商品を買う立場の人たちも，図4のような間ばつ材を知ってもらう活動を通じて，間ばつや，間ばつ材を使った商品に関心をもつ。これらの活動から，商品を売ったり買ったりする機会が生まれ，間ばつ材の利用が促進される。

3　〔問題1〕⑴右図　⑵右図　理由…図6から，㋤は㋐に対して，つつの右側のじ石の極は変わらないが，左側のじ石の極は反対である。図7のイより，鉄板に置く4個のじ石のうち，右側の2個のじ石の上側の極は変えずに，左側の2個のじ石の上側をN極からS極に変えるとよいから。

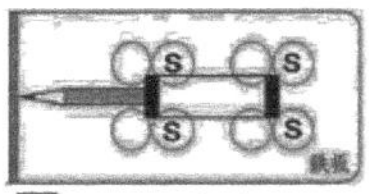

3〔問題1〕⑴の図

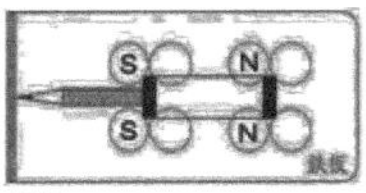

3〔問題1〕⑵の図

〔問題2〕⑴2　⑵大きい場合…②　理由…①はA方向がそろっていないので，N極とS極が引き合う部分と，N極どうしやS極どうしがしりぞけ合う部分がある。それに対して，②はA方向がそろっているので，ほとんどの部分でN極とS極が引き合う。そのため，①より②のほうが引き合う部分が大きいから。

《解　説》

1　**〔問題1〕**　表内のどこであっても，横に並んだ3つの数を見てみると，左の数と真ん中の数の差と，右の数と真ん中の数の差が等しいので，3つの数の和は真ん中の数の3倍に等しくなる。よって，解答例のように説明できる。

〔問題2〕　九九の表にある数は，すべて1～9までの2つの整数の積になるので，ア～エのうち2つの立方体の数の積で1～9までの整数をすべて表せるような組み合わせを作り，その組み合わせが2組あれば，九九の表にあるすべての数を表せる（例えば，8×9＝72 を表す場合は，2つ立方体の数の積で8，残り2つの立方体の数の積で9を表せばよい）。1から7までの数を書くから，1から9までの数を，1から7までの積で表すと，

1＝1×1，2＝1×2，3＝1×3，4＝1×4＝2×2，5＝1×5，6＝1×6＝2×3，7＝1×7，

8＝2×4，9＝3×3となる。

1＝1×1，9＝3×3を表したいので，2つの立方体両方に1と3を書く。8＝2×4を表したいので，2つの立方体について，一方に2，もう一方に4を書く。5＝1×5，7＝1×7を表したいので，2つの立方体について，一方に5，もう一方に7を書く。よって，2つの立方体に書く数は，(1，2，3，5)と(1，3，4，7)になるか，(1，2，3，7)と(1，3，4，5)になる(この2つの立方体の数の積で，2，3，4，6も表せる)。このような組み合わせの立方体を2組書けばよい。解答例は，アとエ，イとウの積で，1から9までの整数を作ることができる。

また，ア～エについて，「●」の面の辺と重なる辺は，右図の太線部分になるから，この太線の辺が上の辺となるように4つの数字を書けばよい。

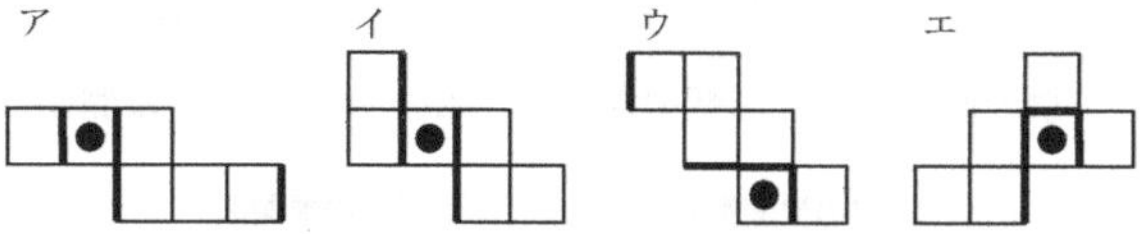

2 〔問題1〕 図1より，木材として利用するために林齢 50 年以上の木々を切っていること，図2より，人工林の高齢化が進んでおり，2017年では林齢50年以下の人工林は若くなるほど面積が小さくなっていることが読み取れる。また，花子さんが「人工林の総面積は，1995年から2017年にかけて少し減っています」，先生が「都市化が進んでいることなどから，これ以上，人工林の面積を増やすことは難しい」と言っていることから，今後，人工林の面積はさらに減っていき，主ばつして利用できる木材の量が不足してしまうことが予測できる。

〔問題2〕 図の取り組みについて，会話中の言葉を手がかりにしよう。図3について，花子さんが「間ばつ材も，重要な木材資源として活用することが，資源の限られた日本にとって大切なこと」と言っている。図4について，太郎さんが「間ばつ材マークは…間ばつ材利用の重要性などを広く知ってもらうためにも利用される」と言っている。図5を選択する場合は，「図5のように実際に林業にたずさわる人たちが，高性能の林業機械を使ってばっ採したり，大型トラックで大量に木材を運んだりすることで，効率的に作業できる。」を，図3の間ばつ材を使った商品の開発や利用に関連付けてまとめるとよい。

3 〔問題1〕(1) ㋐のつつの磁石のN極の真下の鉄板には上側がN極の磁石を2個，S極の真下の鉄板には上側がS極の磁石を2個置く。解答例の他に，右図のように磁石を置いてもよい。 (2) 解答例の他に下図のように磁石を置いてもよい。

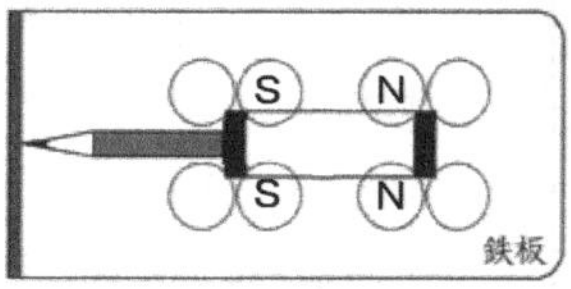

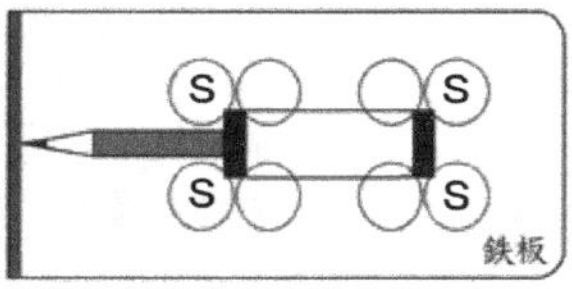

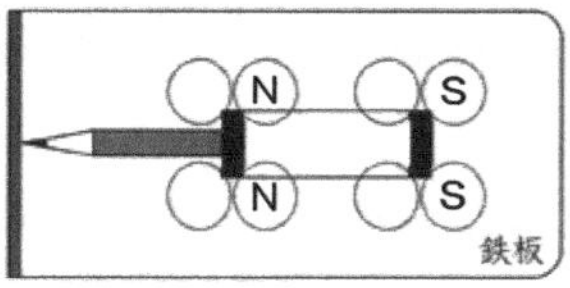

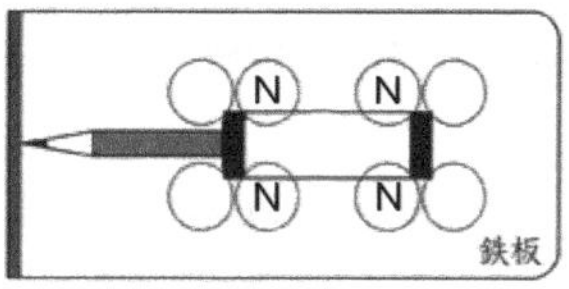

〔問題2〕(1) 表1のA方向が地面に平行なときの記録に着目する。1辺が1cmの正方形のシートの面積は1×1＝1(㎠)で，このときの記録は0個(0g)，1辺が2cmの正方形のシートの面積は2×2＝4(㎠)で，このときの記録は2個(20g)，1辺が3cmの正方形のシートの面積は3×3＝9(㎠)で，このときの記録は5個(50g)である。1辺が3cm以下の正方形では，つりさげることができる最大の重さはシートの面積に比例するので，1辺が2cmの正方形のシートと比べると 20÷4＝5(g)，1辺が3cmの正方形のシートと比べると 50÷9＝5.5…(g)までつりさげることができる。したがって，1辺が1cmの正方形について，2gのおもりでの記録は2個と考えられる。

(2) ①(表2の1番下の記録)よりも②(表2の真ん中の記録)の方が記録が大きい。このように記録の大きさにちがいが出るのは，シートのN極とS極が図 10 のように並んでおり，2枚のシートのA方向がそろっていると，ほとんどの部分でN極とS極が引き合うが，2枚のシートのA方向がそろっていないと，引き合う部分としりぞけ合う部分ができるからである。なお，表2の1番上の記録よりも②の方が記録が大きいのは，②では，おもりをつけたシートが下にずれようとするとき，それぞれの極が，黒板に貼りつけたシートから上向きの引きつける力と上向きのしりぞける力を受けるためである。

《解答例》

1 〔問題1〕人間の生活で出たプラスチックのふくろが陸上でしょ理されずに海に流れ、それをクジラがえさとまちがえて食べてしまったから。　〔問題2〕海に流れ出たマイクロプラスチックをえさとまちがえて多くの魚が食べ、それが体内に残る魚をわたしたちが食べてしまっているということ。

〔問題3〕（例文）

プラスチックは、じょうぶで長く使えるという長所を持っているため、わたしたちの生活のいたるところに入りこんでいる。

それらがごみになると、自然に分解されることもなく、いつまでも地球をよごしたままになるという問題点がある。また、リサイクルしたり使わないようにしたりする取り組みが、かえってむだやごみを増やす可能性があることが、解決を難しくしている。

解決を目指すためには、プラスチックに代わる素材をふきゅうさせることが必要だ。すでに、かんきょうへの負担が少ない、土や海の中で分解される素材の開発が進んでいるので、それらをもっと社会に広めるべきだ。その際、日本だけでなく、プラスチックごみのしょ理が進んでいない国に、技術を伝えていくことも大事だと考える。わたしが日常生活の中で取り組めることは、マイバッグやマイボトルを持ち歩くこと、食品用ラップの使用を減らすこと、屋外で出たごみを家に持ち帰って適切にしょ分することなどだ。また、自分のくふうや取り組みをＳＮＳなどで発信すれば、世界中の人に広めることができる。

《解　説》

1 **〔問題1〕**　３段落に「クジラは、これらの袋《ふくろ》をえさとまちがえて飲みこんだ可能性があります」とある。また、プラスチックの袋がどうして海に出てしまうのかを説明した、４～７段落の内容もあわせてまとめる。

〔問題2〕　続く段落に「マイクロプラスチック」の説明があり、その次の段落に「このマイクロプラスチックが～カタクチイワシの体内からみつかりました」「えさと間違《まちが》えて食べてしまったようです」「カタクチイワシは～わたしたちもよく食べています」とあるので、これらの部分からまとめる。プラスチックのごみ（マイクロプラスチック）をカタクチイワシなどの魚が食べる→その魚をわたしたちが食べる、という流れ。

〔問題3〕　プラスチックの問題点は「いったんごみになれば、自然に分解されることもなく、いつまでも地球を汚《よご》したままになる」こと、それなのに、プラスチックをリサイクルしたり使わないようにしたりすると「かえってむだやごみが増える」可能性があることである。これらの問題と、その解決の方法をまとめる。

《解答例》

1 〔問題１〕①25　②10　③15　④10　〔問題２〕必要なパネルの台数…４　説明…横向きの画用紙は，パネル１面に最大で８枚はることができるので，１面に８枚ずつはると，４面で 32 枚はることができる。残りの６枚は，１面ではれるので，合わせて５面使う。縦向きの画用紙は，パネル１面に最大で９枚はることができるので，１面に９枚ずつはると，２面で 18 枚はることができる。残りの３枚は，１面ではれるので，合わせて３面使う。したがって，すべての画用紙をはるのに８面使うから，パネルは４台必要である。

〔問題３〕アに入る数…４　イに入る数…２　ウに入る数…３　エに入る数…２　オに入る数…４〔別解〕２

2 〔問題１〕選んだ図…図２　あなたの考え…2001 年度に国の制度が改められたことで，新しくバスの営業を開始しやすくなり，2000 年度ごろまでにみられた減少が止まり，2001 年度から 2015 年度にかけて実際に走行したきょりは，大きく減少することなく増加している。　〔問題２〕設計の工夫…出入口の高さ／固定ベルトの設置

期待されている役割…ベビーカーを利用する人にとって，出入口の高さが低くつくられていることと，車内に固定ベルトが設置されていることにより，乗りおりのときや乗車中に，ベビーカーを安全に利用できる。

〔問題３〕課題…バス以外の自動車で混み合う道路がうまれる可能性がある。　あなたの考え…時こく表に対するバスの運行状きょうが向上していることをせん伝して，バス以外の自動車を使う人にバスを利用してもらい，混み合う道路が少なくなるように働きかける。

3 〔問題１〕選んだプロペラ…Ａ　示す値のちがい…13.3　〔問題２〕⑴モーター…ウ　プロペラ…Ｈ

⑵選んだ予想…①　予想が正しくなる場合…ありません　理由…Ｅ，Ｆ，Ｇ，Ｈのどのプロペラのときでも，アとイのモーターの結果を比べると，アのモーターの方が軽いのに，かかった時間が長くなっているから。

〔問題３〕⑴×　⑵車が前に動く条件は，(あ)が 50°から 80°までのときで，さらに，(あ)と(い)の和が 100°か 110°のときである。

《解　説》

1 **〔問題１〕**　パネルの横の長さは 1.4ｍ＝140 cm，画用紙の横の長さが 40 cmだから，140÷40＝３余り 20 より，横にはれる枚数は最大で３枚である。また，パネルの縦の長さは２ｍ＝200 cm，画用紙の縦の長さが 50 cmだから，200÷50＝４より，長さ③と④が０cmのとき，縦に４枚はれるが，長さ③と④はそれぞれ５cm以上だから，縦にはれる枚数は最大で３枚である。したがって，６＝２×３より，画用紙のはり方は右図Ⅰ，Ⅱの２通り考えられる。

図Ⅰ

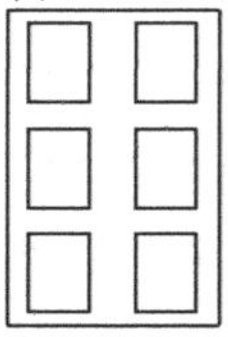

図Ⅱ

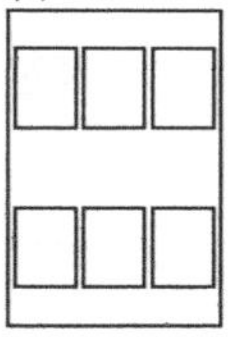

図Ⅰの場合について考える。横にならぶ画用紙の横の長さの和は，40×２＝80(cm)だから，長さ①と②の和は，140－80＝60(cm)である。例えば，長さ②を 10 cmとすると，長さ①は(60－10)÷２＝25(cm)となる。縦にならぶ画用紙の縦の長さの和は，50×３＝150(cm)だから，長さ③と④の和は，200－150＝50(cm)である。例えば，長さ④を 10 cmとすると，長さ③は(50－10×２)÷２＝15(cm)となる。また，他の長さ①と②，長さ③と④の組み合わせは右表のようになる。

同様に図Ⅱの場合も求めると，右表のような組み合わせが見つかる。

図Ⅰの場合

長さ①	長さ②
5	50
10	40
15	30
20	20
25	10

長さ③	長さ④
5	20
10	15
15	10
20	5

(単位：cm)

図Ⅱの場合

長さ①	長さ②
5	5

長さ③	長さ④
5	90
10	80
15	70
20	60
25	50
30	40
35	30
40	20
45	10

(単位：cm)

ただし，作品の見やすさを考えると，長さ①よりも長さ②の方がかなり長い，または，長さ③よりも長さ④の方がかなり長いはり方は，しない方がよいであろう。

〔問題２〕　横向きの画用紙は，140÷50＝２余り 40 より，横に２枚はって，長さ①と②の和が 40 ㎝となればよい。このとき長さ②は１か所だから，長さ①＝10 ㎝，長さ②＝20 ㎝などが考えられる。したがって，横には最大で２枚はれる。また，横向きの画用紙は，200÷40＝５より，縦に４枚はって，長さ③と④の和が 40 ㎝となればよい。このとき長さ③は３か所だから，長さ③＝10 ㎝，長さ④＝５㎝とできる。したがって，縦には最大で４枚はれる。よって，パネルの１面に横向きの画用紙は，最大で４×２＝８(枚)はれる。38÷８＝４余り６より，横向きの画用紙を全部はるのに，４＋１＝５(面)必要となる。

縦向きの画用紙は，〔問題１〕の解説より，パネルの１面に最大で３×３＝９(枚)はれるとわかる。21÷９＝２余り３より，縦向きの画用紙を全部はるのに，２＋１＝３(面)必要となる。

パネル１台に２面ずつあるから，求める必要なパネルの台数は，(５＋３)÷２＝４(台)である。

〔問題３〕　〔ルール〕の(3)について，サイコロで出た目の数に 20 を足して，その数を４で割ったときの余りの数を求めるが，20 は４の倍数だから，サイコロの目に 20 を足して４で割っても，サイコロの目の数を４で割っても余りの数は同じになる。

先生のサイコロの目は，１，２，５，１だから，進んだ竹ひごの数は，５÷４＝１余り１より，１，２，１，１である。したがって，**あ→え→う→い→う**となり，**い**でゲームが終わる。よって，先生の得点は，１＋２＋１＝ア４(点)となる。

サイコロを４回ふってゲームが終わるのは，４回目に**か**に着くか，４回目に一度通った玉にもどる目が出たときである。このことから，１回目に**い**，**う**，**え**，**お**のいずれかに進んだあとは，**い**，**う**，**え**，**お**のならびを時計周りか反時計回りに２つ進んだあとに，**か**に進むかまたは一度通った玉にもどる目が出たとわかる。したがって，１回目に進む玉で場合を分けて調べていき，３回目に進んだときの得点を求め，それが７点ならば，そこから一度通った玉にもどる目が出ることで条件に合う進み方になり，７点ではなくても，そこから**か**に進むことで７点になれば，条件に合う進み方になる。

例えば，１回目に**い**に進んだ場合，３回目までは**あ→い→う→え**の３＋１＋２＝６(点)か**あ→い→お→え**の３＋０＋３＝６(点)となるが，ここから**か**に進んでも６＋０＝６(点)にしかならない。このため，この場合は条件に合わないとわかる。

このように１つ１つ調べていってもよいが，得点が７点であることから，１回進むごとに２点か３点ずつ増えたのではないかと，あたりをつけることもできる。このように考えると，１回目は**い**か**お**に進んだと推測できる。**い**はすでに条件に合わないことがわかったので，**お**に進んだ場合を調べると，**あ→お→え→う**で得点が２＋３＋２＝７(点)になるとわかる。このあと，**あかえ**にもどる目が出ればよいので，サイコロの目はイ２，ウ３，エ２，オ４(オは２でもよい)となればよい。

なお，サイコロの目の数が６のときも，４で割った余りの数は２だから，２は６でもよい。

2　**〔問題１〕**　解答例の「新しくバスの営業を開始しやすくなり」は「新たな路線を開設しやすくなり」でも良い。図２より，実際に走行したきょりは，2001 年度が約 292500 万㎞，2015 年度が約 314000 万㎞だから，20000 万㎞以上増加していることがわかる。そのことを，表１の 2001 年度の「バスの営業を新たに開始したり，新たな路線を開設したりしやすくするなど，国の制度が改められた」と関連付ける。また，図１を選んだ場合は，解答例の「実際に走行したきょり」を「合計台数」に変えれば良い。

〔問題２〕　解答例のほか，設計の工夫に「手すりの素材」「ゆかの素材」を選び，共通する役割に「足腰の弱った高齢者にとって，手すりやゆかがすべりにくい素材となっていることにより，乗りおりのときや車内を移動するときに，スムーズに歩くことができる。」としたり，設計の工夫に「車いすスペースの設置」「降車ボタンの位置」を選び，共通する役割に「車いすを利用する人にとって，車内に車いすスペースが設置されていることと，降車ボタンが低くつくられていることにより，乗車中やおりるときに，車いすでも利用しやすくなる。」としたりすることもできる。

〔問題３〕　課題について，先生が「乗合バスが接近してきたときには，（一般の自動車が）『バス優先』と書かれた車線から出て，道をゆずらなければいけない」と言っていることから，バス以外の自動車による交通渋滞が発生する恐れがあると導ける。解決について，図６で，運用１か月後の平均運行時間が運用前よりも２分近く短縮されたこと，図７で，運用１か月後の所要時間短縮の成功率が運用前よりも 30%近く高くなったことを読み取り，このような運行状況の向上を宣伝することで，交通手段としてバスを選ぶ人を増やし，渋滞を回避するといった方法を導く。

[3]　〔問題１〕　A．123.5－(54.1＋48.6＋7.5)＝13.3(g)　B．123.2－(54.1＋48.6＋2.7)＝17.8(g)　C．120.9－(54.1＋48.6＋3.3)＝14.9(g)　D．111.8－(54.1＋48.6＋4.2)＝4.9(g)

〔問題２〕(1)　表５で，５m地点から 10m地点まで(同じきょりを)走りぬけるのにかかった時間が短いときほど車の模型が速く走ったと考えればよい。　(2)　①…モーターはアが最も軽いが，プロペラがＥとＦのときにはイ，プロペラがＧのときにはイとウ，プロペラがＨのときにはウが最も速く走ったので，予想が正しくなる場合はない。②…プロペラの中心から羽根のはしまでの長さは長い順にＨ，Ｇ，Ｆ，Ｅで，これはモーターがウのときの速く走った順と同じだから，予想が正しくなる場合がある。

〔問題３〕(1)　(あ)が 60° で，(あ)と(い)の和が 70° になるのは，(い)が 70－60＝10(°)のときである。したがって，表６で，(あ)が 60°，(い)が 10° のときの結果に着目すると，×が当てはまる。　(2)　(1)のように考えて表７に記号を当てはめると，右表のようになる。車が前に動くのは記号が○のときだけだから，○になるときの条件をまとめればよい。

		(あ)と(い)の和					
		60°	70°	80°	90°	100°	110°
(あ)	20°	×	×	×	×		
	30°	×	×	×	×	×	
	40°	×	×	×	△	△	△
	50°	×	×	×	△	○	○
	60°		×	×	△	○	○
	70°			×	△	○	○
	80°				△	○	○

《解答例》

1 〔問題1〕トラックは人間の望む通りに動かすことができる機械であるが、ゾウは人に慣れていても何をするか完全には予測できない動物だから。

〔問題2〕文章の意味を考えずに、頭の中で検さくした言葉をつなぎ合わせるだけで、質問の意図に合わない答えを述べてしまう。

〔問題3〕(例文)

文章の意味を考え理解する能力を失うことだと読みとれる。

先日、家族で食事をしたお店でトイレに入った時、「きれいに使っていただきありがとうございます。」と書かれたはり紙を見た。それを読んで、きれいに使おうという気持ちになった。そして、お店の人は「きれいに使ってください。」ということを言うために、この文を書いたのだと読みとった。この文自体には、「きれいに使ってください。」という意味はない。しかしはり紙を読んだ人は、書いた人の意図を理解できる。ロボットにこのような読みとりはできないだろう。

人間は、言葉そのものの意味だけではなく、その言葉を使って相手が何を言いたいのかを理解することができる。その場の状きょう、前後に書かれている内容とのつながり、話の流れなどから総合的に判断して、理解することができるのだ。その能力を失ったら、ロボットに近い存在になってしまうと言える。

文章を読解する能力は、相手の言いたいことを理解する力であると同時に、相手に寄りそい、共感するための力でもある。人間ならではのこの能力を失わないように、想像する力、考える力をみがいていきたい。

《解　説》

1 **〔問題1〕** ぼう線部の直前に「だから」とあるので，その前に理由が述べられている。「(ロボットは，)人間がつくったから～人間の望む通りに～動かすことができる」とあり，トラックも人間が作った機械であり，人間が動かすものの一つなので同じことが言える。「目の前に迫《せま》ってきても(人間が停車させることができるので)不安を感じない」。ところが，ゾウはぼう線部のあとに述べられているように「(ゾウは動物なので，人は)ゾウの心が読めず，人に慣れていても何をするか完全には予測できないから」，何か危害を加えられるかもしれないといった「恐怖《きょうふ》にかられる」のだ。

〔問題2〕 原因は，直後の「子どもたちの頭脳《ずのう》がＡＩ的になっているせい」である。「ＡＩ的」というのは，「文章の意味を理解することが苦手」なので，「文章の意味を考えずに，言葉を検索《けんさく》して頭のなかで個々《ここ》の属性だけをつなぎ合わせて」答えようとする傾向《けいこう》があること。それでは，直前の段落のＡＩの答えの例と同じように，質問の意図に合わない答え(＝誤った答え)になってしまう。

〔問題3〕 ぼう線部の直前に「そうなったとき」とあるため，その前に述べられていると考えられる。「生まれたときからスマホを手にしている子どもたちは～データを利用して考えることさえも，ＡＩに任せてしまうようになりはしないだろうか。文章を読解する(＝文章を読んで，その意味・内容を理解する)能力をもたなくても，ＡＩさえあれば生きていける」とあるので，文章の意味を考え理解する能力を失うと「ロボットに近い存在になる」ということが読みとれる。問題文に指示されているように「具体的な一例をあげて」自分の考えを書くこと。

《解答例》

1 〔問題１〕
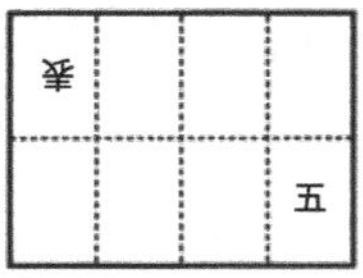

〔別解〕
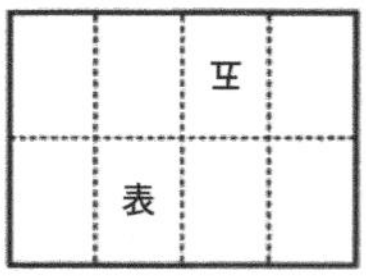

〔問題２〕約束２で表現したときの漢字と数字の合計の個数…44　漢字と数字の合計の個数が少ない約束…１

理由…このも様では、文字と数字でも様を表現するとき、列よりも行で表現したほうが、同じ色がより多く連続するため。

〔問題３〕「★」の位置に置くおもちゃの向き…
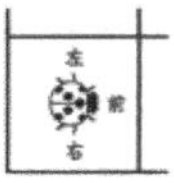

カードの並べ方…①②⑤④①②⑤①③①

〔別解〕「★」の位置に置くおもちゃの向き…
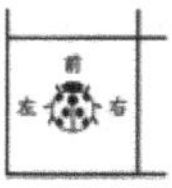

カードの並べ方…①③①②⑤①④②⑤①

2 〔問題１〕(あ)日本人の出国者数も、外国人の入国者数も大きな変化がない　(い)２　(う)日本人の出国者数は大きな変化がないが、外国人の入国者数は増加した　(え)３

〔問題２〕選んだ地域…松本市　あなたの考え…多言語対応が不十分で外国人旅行者がこまっているので、多言語表記などのかん境整備をしているから。

〔問題３〕役割１…外国人旅行者にとって、日本語が分からなくても、どこに何があるかが分かるようなほ助となっている。　役割２…その場で案内用図記号を見て地図と照らし合わせることで、自分がどこにいるかが分かるようなほ助となっている。

3 〔問題１〕比べたい紙…プリント用の紙　基準にするもの…紙の面積　和紙は水を何倍吸うか…2.3

〔問題２〕選んだ紙…新聞紙　せんいの向き…Ｂ　理由…実験２の結果ではどちらの方向にも曲がっていないのでせんいの向きは判断できないが、実験３の結果より短ざくＢの方のたれ下がり方が小さいから、せんいの向きはＢ方向だと考えられる。

〔問題３〕⑴Ａ　⑵４回めのおもりの数が３回めより少ないので、なるべく紙がはがれにくくなるのりを作るために加える水の重さが、３回めの70ｇと４回めの100ｇの間にあると予想できるから。

《解　説》

1 **〔問題１〕**　図２のしおりの作り方より，しおりにする前の紙の真ん中の横の点線がしおりの上になるとすると，文字の向きは右図ｉのようになるとわかる。

右図ⅱの矢印で示したページを表紙とすると，１ページ目から，ＡＥＦＧＨＤＣＢとなるとわかるから，５ページ目はＨのページである。また，Ｆのページを表紙とすると，５ページ目はＣのページとなる。他に表紙にできるページはＨとＣのページがあり，それぞれ解答例の図を上下逆にしたものと同じになる。

図ｉ
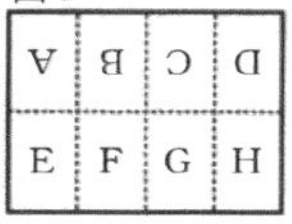

図ⅱ
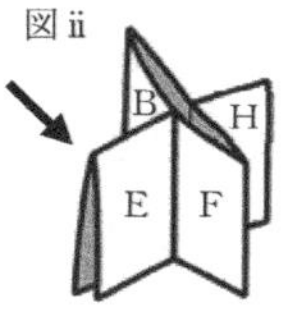

〔問題２〕　図９で表現された模様を図10に書きこむと，右図ⅲのようになる。したがって，約束２で表現すると，右図ⅳのようになるから，漢字と数字の合計の個数は，

５＋９＋７＋５＋５＋５＋５＋３＝44(個)である。

図９より，約束１で表現すると，漢字と数字の合計の個数は，

２＋３＋３＋４＋４＋４＋３＋２＝25(個)だから，約束１を使ったほうが表現する漢字と数字の合計の個数は少なくなる。

図ⅲ

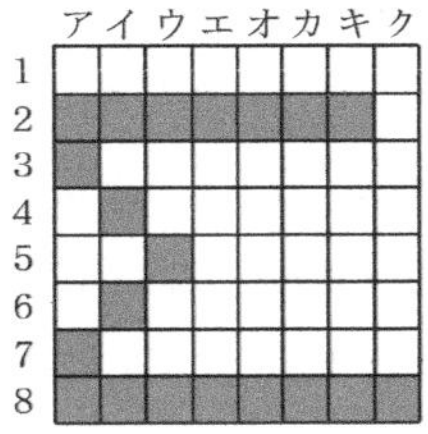

図ⅳ

白	白	白	白	白	白	白	白
1	1	1	1	1	1	1	7
2	1	1	1	1	1	1	1
3	1	2	5	5	5	5	
2	1	1	1	1	1	1	
	1	2					
	1	1					
	1						
	1						

〔問題３〕　「え」を通り「お」まで行くときの最短の行き方は，それぞれ右表のようになる。

このときのカードの並べ方を考えると表のようになり，それぞれ10枚で行けるとわかる。

最初のおもちゃの向き	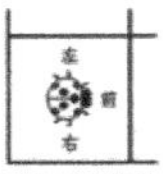	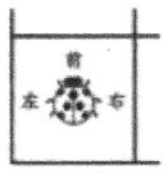
最短の行き方	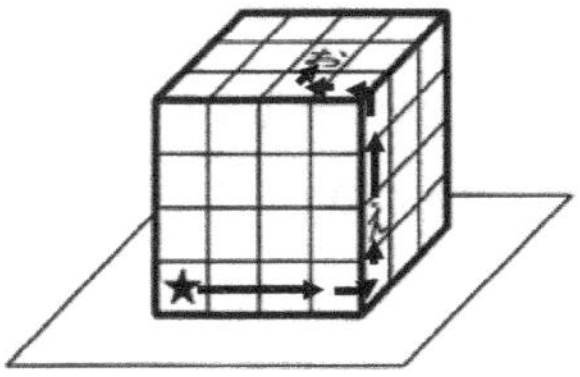	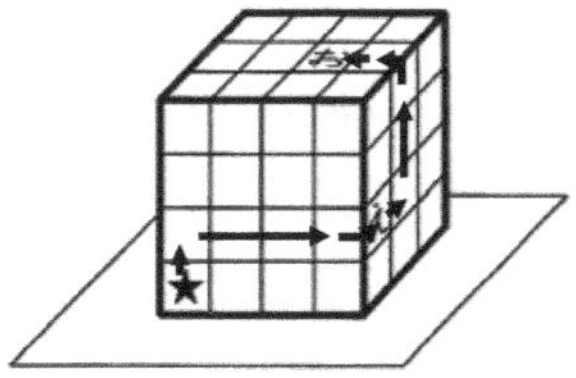
カードの並べ方	①②⑤④①②⑤①③①	①③①②⑤①④②⑤①

なお，①②が連続して並んでいるところは，②①の順番でもよい。

2　〔問題１〕(あ)　2006年から2012年までの間，日本人の出国者数は1600～1800万人前後，外国人の入国者数は700～900万人前後と大きな変化がない。　(い)　2012年は，日本人の出国者数が約1800万人，外国人の入国者数が約900万人なので，日本人の出国者数は外国人の入国者数の1800÷900＝２(倍)となる。　(う)(え)　2012年から2017年までの間，日本人の出国者数は1600～1800万人前後と大きな変化がない。一方で，外国人の入国者数は2012年が約900万人，2017年が約2700万人なので，2017年は2012年の2700÷900＝３(倍)増加している。

〔問題２〕　表３より，訪日外国人旅行者の受け入れ環境として不十分である点を読み取り，表２より，それぞれの地域ではその課題解決に向けてどんな取り組みをしているかを読み取る。解答例のほか，「高山市」を選んで，「コミュニケーションがとれなくて外国人旅行者がこまっているので，通訳案内士を養成しているから。」や，「白浜町」を選んで，「情報通信かん境が不十分で外国人旅行者がこまっているので，観光情報サイトをじゅう実させているから。」なども良い。

〔問題３〕　図７のマーク(ピクトグラム)が，日本を訪れる外国人に向けて，言葉が書かれていなくても絵で意味することがわかるようになっていることに着目しよう。ピクトグラムは，日本語のわからない人でもひと目見て何を表現しているのかわかるため，年齢や国の違いを越えた情報手段として活用されている。解答例のほか，「外国人旅行者にとって，日本語が分からなくても，撮影禁止や立入禁止などのルールが分かるようなほ助となっている。」なども良い。

3　〔問題１〕　解答例のように，プリント用の紙で，紙の面積を基準にしたときは，面積１㎠あたりで吸う水の重さを比べればよい。和紙では $0.8\div40=\frac{0.8}{40}$(g)，プリント用の紙では $0.7\div80=\frac{0.7}{80}$(g)だから，和紙はプリント用の紙より水を $\frac{0.8}{40}\div\frac{0.7}{80}=2.28\cdots\rightarrow2.3$ 倍吸うと考えられる。また，プリント用の紙で，紙の重さを基準にしたときには，重さ１ｇあたりで吸う水の重さを比べればよい。和紙では $0.8\div0.2=4$(g)，プリント用の紙では $0.7\div0.5$

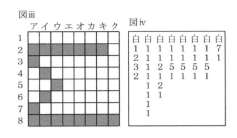

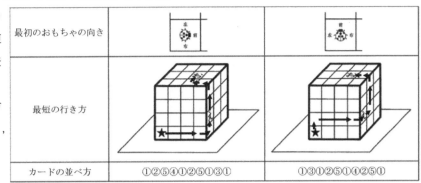

＝1.4(g)だから，和紙はプリント用の紙より水を4÷1.4＝2.85…→2.9 倍吸うと考えられる。同様に考えると，新聞紙では，面積を基準にしたときには 1.9 倍，重さを基準にしたときには 1.5 倍となり，工作用紙では，面積を基準にしたときには0.5倍，重さを基準にしたときには3.2倍となる。

〔問題2〕　紙には，せんいの向きに沿って長く切られた短冊の方が垂れ下がりにくくなる性質があるから，図5で，短冊Bの方が垂れ下がりにくいことがわかる新聞紙のせんいの向きはB方向である。同様に考えれば，プリント用の紙のせんいの向きはA方向である。また，水にぬらしたときに曲がらない方向がせんいの向きだから，図3より，せんいの向きは，プリント用の紙はA方向，工作用紙はB方向である。どの紙について答えるときも，実験2の結果と実験3の結果のそれぞれについてふれなければいけないことに注意しよう。

〔問題3〕　表2では，加える水の重さが重いほどおもりの数が多くなっているので，4回めに加える水の重さを100gにしたとき，おもりの数が 53 個より多くなるのか少なくなるのかを調べ，多くなるようであれば5回めに加える水の重さを 100gより重くし，少なくなるようであれば5回目に加える水の重さを 70gと 100gの間にして実験を行えばよい。したがって，⑴はAかDのどちらかを選び，Dを選んだときには，⑵の理由を「4回めのおもりの数が3回目より多いので，なるべく紙がはがれにくくなるのりを作るために加える水の重さが4回めの 100gより重いと予想できるから。」などとすればよい。

■ ご使用にあたってのお願い・ご注意

（1）問題文等の非掲載

著作権上の都合により，問題文や図表などの一部を掲載できない場合があります。

誠に申し訳ございませんが，ご了承くださいますようお願いいたします。

（2）過去問における時事性

過去問題集は，学習指導要領の改訂や社会状況の変化，新たな発見などにより，現在とは異なる表記や解説になっている場合があります。過去問の特性上，出題当時のままで出版していますので，あらかじめご了承ください。

（3）配点

学校等から配点が公表されている場合は，記載しています。公表されていない場合は，記載していません。

独自の予想配点は，出題者の意図と異なる場合があり，お客様が学習するうえで誤った判断をしてしまう恐れがあるため記載していません。

（4）無断複製等の禁止

購入された個人のお客様が，ご家庭でご自身またはご家族の学習のためにコピーをすることは可能ですが，それ以外の目的でコピー，スキャン，転載（ブログ，ＳＮＳなどでの公開を含みます）などをすることは法律により禁止されています。学校や学習塾などで，児童生徒のためにコピーをして使用することも法律により禁止されています。

ご不明な点や，違法な疑いのある行為を確認された場合は，弊社までご連絡ください。

（5）けがに注意

この問題集は針を外して使用します。針を外すときは，けがをしないように注意してください。また，表紙カバーや問題用紙の端で手指を傷つけないように十分注意してください。

（6）正誤

制作には万全を期しておりますが，万が一誤りなどがございましたら，弊社までご連絡ください。

なお，誤りが判明した場合は，弊社ウェブサイトの「ご購入者様のページ」に掲載しておりますので，そちらもご確認ください。

■ お問い合わせ

解答例，解説，印刷，製本など，問題集発行におけるすべての責任は弊社にあります。

ご不明な点がございましたら，弊社ウェブサイトの「お問い合わせ」フォームよりご連絡ください。迅速に対応いたしますが，営業日の都合で回答に数日を要する場合があります。

ご入力いただいたメールアドレス宛に自動返信メールをお送りしています。自動返信メールが届かない場合は，「よくある質問」の「メールの問い合わせに対し返信がありません。」の項目をご確認ください。

また弊社営業日（平日）は，午前９時から午後５時まで，電話でのお問い合わせも受け付けています。

2025春

株式会社教英出版
〒422-8054　静岡県静岡市駿河区南安倍３丁目 12-28
TEL　054-288-2131　　FAX　054-288-2133
URL　https://kyoei-syuppan.net/
MAIL　siteform@kyoei-syuppan.net

神奈川県

①[県立]
- 相模原中等教育学校
- 平塚中等教育学校

②[市立]南高等学校附属中学校
③[市立]横浜サイエンスフロンティア高等学校附属中学校
④[市立]川崎高等学校附属中学校
✿⑤聖光学院中学校
✿⑥浅野中学校
⑦洗足学園中学校
⑧法政大学第二中学校
⑨逗子開成中学校(1次)
⑩逗子開成中学校(2·3次)
⑪神奈川大学附属中学校(第1回)
⑫神奈川大学附属中学校(第2·3回)
⑬栄光学園中学校
⑭フェリス女学院中学校

新潟県

①[県立]
- 村上中等教育学校
- 柏崎翔洋中等教育学校
- 燕中等教育学校
- 津南中等教育学校
- 直江津中等教育学校
- 佐渡中等教育学校

②[市立]高志中等教育学校
③新潟第一中学校
④新潟明訓中学校

石川県

①[県立]金沢錦丘中学校
②星稜中学校

福井県

①[県立]高志中学校

山梨県

①山梨英和中学校
②山梨学院中学校
③駿台甲府中学校

長野県

①[県立]
- 屋代高等学校附属中学校
- 諏訪清陵高等学校附属中学校

②[市立]長野中学校

岐阜県

①岐阜東中学校
②鶯谷中学校
③岐阜聖徳学園大学附属中学校

静岡県

①[国立]静岡大学教育学部附属中学校
(静岡·島田·浜松)

②
- [県立]清水南高等学校中等部
- [県立]浜松西高等学校中等部
- [市立]沼津高等学校中等部

③不二聖心女子学院中学校
④日本大学三島中学校
⑤加藤学園暁秀中学校
⑥星陵中学校
⑦東海大学付属静岡翔洋高等学校中等部
⑧静岡サレジオ中学校
⑨静岡英和女学院中学校
⑩静岡雙葉中学校
⑪静岡聖光学院中学校
⑫静岡学園中学校
⑬静岡大成中学校
⑭城南静岡中学校
⑮静岡北中学校

⑯
- 常葉大学附属常葉中学校
- 常葉大学附属橘中学校
- 常葉大学附属菊川中学校

⑰藤枝明誠中学校
⑱浜松開誠館中学校
⑲静岡県西遠女子学園中学校
⑳浜松日体中学校
㉑浜松学芸中学校

愛知県

①[国立]愛知教育大学附属名古屋中学校
②愛知淑徳中学校

③
- 名古屋経済大学市邨中学校
- 名古屋経済大学高蔵中学校

④金城学院中学校
⑤椙山女学園中学校
⑥東海中学校
⑦南山中学校男子部
⑧南山中学校女子部
⑨聖霊中学校
⑩滝中学校
⑪名古屋中学校
⑫大成中学校
⑬愛知中学校
⑭星城中学校
⑮名古屋葵大学中学校
(名古屋女子大学中学校)
⑯愛知工業大学名電中学校
⑰海陽中等教育学校(特別給費生)
⑱海陽中等教育学校(I·II)
⑲中部大学春日丘中学校
新刊⑳名古屋国際中学校

三重県

①[国立]三重大学教育学部附属中学校
②暁中学校
③海星中学校
④四日市メリノール学院中学校
⑤高田中学校
⑥セントヨゼフ女子学園中学校
⑦三重中学校
⑧皇學館中学校
⑨鈴鹿中等教育学校
⑩津田学園中学校

滋賀県

①[国立]滋賀大学教育学部附属中学校

②[県立]
- 河瀬中学校
- 守山中学校
- 水口東中学校

京都府

①[国立]京都教育大学附属桃山中学校
②[府立]洛北高等学校附属中学校
③[府立]園部高等学校附属中学校
④[府立]福知山高等学校附属中学校
⑤[府立]南陽高等学校附属中学校
⑥[市立]西京高等学校附属中学校
⑦同志社中学校
⑧洛星中学校
⑨洛南高等学校附属中学校
⑩立命館中学校
⑪同志社国際中学校
⑫同志社女子中学校(前期日程)
⑬同志社女子中学校(後期日程)

大阪府

①[国立]大阪教育大学附属天王寺中学校
②[国立]大阪教育大学附属平野中学校
③[国立]大阪教育大学附属池田中学校

④[府立]富田林中学校

⑤[府立]咲くやこの花中学校

⑥[府立]水都国際中学校

⑦清風中学校

⑧高槻中学校（A日程）

⑨高槻中学校（B日程）

⑩明星中学校

⑪大阪女学院中学校

⑫大谷中学校

⑬四天王寺中学校

⑭帝塚山学院中学校

⑮大阪国際中学校

⑯大阪桐蔭中学校

⑰開明中学校

⑱関西大学第一中学校

⑲近畿大学附属中学校

⑳金蘭千里中学校

㉑金光八尾中学校

㉒清風南海中学校

㉓帝塚山学院泉ヶ丘中学校

㉔同志社香里中学校

㉕初芝立命館中学校

㉖関西大学中等部

㉗大阪星光学院中学校

兵庫県

①[国立]神戸大学附属中等教育学校

②[県立]兵庫県立大学附属中学校

③雲雀丘学園中学校

④関西学院中学部

⑤神戸女学院中学部

⑥甲陽学院中学校

⑦甲南中学校

⑧甲南女子中学校

⑨灘中学校

⑩親和中学校

⑪神戸海星女子学院中学校

⑫滝川中学校

⑬啓明学院中学校

⑭三田学園中学校

⑮淳心学院中学校

⑯仁川学院中学校

⑰六甲学院中学校

⑱須磨学園中学校(第1回入試)

⑲須磨学園中学校(第2回入試)

⑳須磨学園中学校(第3回入試)

㉑白陵中学校

㉒夙川中学校

奈良県

①[国立]奈良女子大学附属中等教育学校

②[国立]奈良教育大学附属中学校

③[県立]
国際中学校
青翔中学校

④[市立]一条高等学校附属中学校

⑤帝塚山中学校

⑥東大寺学園中学校

⑦奈良学園中学校

⑧西大和学園中学校

和歌山県

①[県立]
古佐田丘中学校
向陽中学校
桐蔭中学校
日高高等学校附属中学校
田辺中学校

②智辯学園和歌山中学校

③近畿大学附属和歌山中学校

④開智中学校

岡山県

①[県立]岡山操山中学校

②[県立]倉敷天城中学校

③[県立]岡山大安寺中等教育学校

④[県立]津山中学校

⑤岡山中学校

⑥清心中学校

⑦岡山白陵中学校

⑧金光学園中学校

⑨就実中学校

⑩岡山理科大学附属中学校

⑪山陽学園中学校

広島県

①[国立]広島大学附属中学校

②[国立]広島大学附属福山中学校

③[県立]広島中学校

④[県立]三次中学校

⑤[県立]広島叡智学園中学校

⑥[市立]広島中等教育学校

⑦[市立]福山中学校

⑧広島学院中学校

⑨広島女学院中学校

⑩修道中学校

⑪崇徳中学校

⑫比治山女子中学校

⑬福山暁の星女子中学校

⑭安田女子中学校

⑮広島なぎさ中学校

⑯広島城北中学校

⑰近畿大学附属広島中学校福山校

⑱盈進中学校

⑲如水館中学校

⑳ノートルダム清心中学校

㉑銀河学院中学校

㉒近畿大学附属広島中学校東広島校

㉓AICJ中学校

㉔広島国際学院中学校

㉕広島修道大学ひろしま協創中学校

山口県

①[県立]
下関中等教育学校
高森みどり中学校

②野田学園中学校

徳島県

①[県立]
富岡東中学校
川島中学校
城ノ内中等教育学校

②徳島文理中学校

香川県

①大手前丸亀中学校

②香川誠陵中学校

愛媛県

①[県立]
今治東中等教育学校
松山西中等教育学校

②愛光中学校

③済美平成中等教育学校

④新田青雲中等教育学校

高知県

①[県立]
安芸中学校
高知国際中学校
中村中学校

福岡県

①[国立]福岡教育大学附属中学校（福岡・小倉・久留米）
②[県立]
- 育徳館中学校
- 門司学園中学校
- 宗像中学校
- 嘉穂高等学校附属中学校
- 輝翔館中等教育学校

③西南学院中学校
④上智福岡中学校
⑤福岡女学院中学校
⑥福岡雙葉中学校
⑦照曜館中学校
⑧筑紫女学園中学校
⑨敬愛中学校
⑩久留米大学附設中学校
⑪飯塚日新館中学校
⑫明治学園中学校
⑬小倉日新館中学校
⑭久留米信愛中学校
⑮中村学園女子中学校
⑯福岡大学附属大濠中学校
⑰筑陽学園中学校
⑱九州国際大学付属中学校
⑲博多女子中学校
⑳東福岡自彊館中学校
㉑八女学院中学校

佐賀県

①[県立]
- 香楠中学校
- 致遠館中学校
- 唐津東中学校
- 武雄青陵中学校

②弘学館中学校
③東明館中学校
④佐賀清和中学校
⑤成穎中学校
⑥早稲田佐賀中学校

長崎県

①[県立]
- 長崎東中学校
- 佐世保北中学校
- 諫早高等学校附属中学校

②青雲中学校
③長崎南山中学校
④長崎日本大学中学校
⑤海星中学校

熊本県

①[県立]
- 玉名高等学校附属中学校
- 宇土中学校
- 八代中学校

②真和中学校
③九州学院中学校
④ルーテル学院中学校
⑤熊本信愛女学院中学校
⑥熊本マリスト学園中学校
⑦熊本学園大学付属中学校

大分県

①[県立]大分豊府中学校
②岩田中学校

宮崎県

①[県立]五ヶ瀬中等教育学校
②[県立]
- 宮崎西高等学校附属中学校
- 都城泉ヶ丘高等学校附属中学校

③宮崎日本大学中学校
④日向学院中学校
⑤宮崎第一中学校

鹿児島県

①[県立]楠隼中学校
②[市立]鹿児島玉龍中学校
③鹿児島修学館中学校
④ラ・サール中学校
⑤志學館中等部

沖縄県

①[県立]
- 与勝緑が丘中学校
- 開邦中学校
- 球陽中学校
- 名護高等学校附属桜中学校

もっと過去問シリーズ

北海道

北嶺中学校
7年分（算数・理科・社会）

静岡県

静岡大学教育学部附属中学校
（静岡・島田・浜松）
10年分（算数）

愛知県

愛知淑徳中学校
7年分（算数・理科・社会）
東海中学校
7年分（算数・理科・社会）
南山中学校男子部
7年分（算数・理科・社会）
南山中学校女子部
7年分（算数・理科・社会）
滝中学校
7年分（算数・理科・社会）
名古屋中学校
7年分（算数・理科・社会）

岡山県

岡山白陵中学校
7年分（算数・理科）

広島県

広島大学附属中学校
7年分（算数・理科・社会）
広島大学附属福山中学校
7年分（算数・理科・社会）
広島学院中学校
7年分（算数・理科・社会）
広島女学院中学校
7年分（算数・理科・社会）
修道中学校
7年分（算数・理科・社会）
ノートルダム清心中学校
7年分（算数・理科・社会）

愛媛県

愛光中学校
7年分（算数・理科・社会）

福岡県

福岡教育大学附属中学校
（福岡・小倉・久留米）
7年分（算数・理科・社会）
西南学院中学校
7年分（算数・理科・社会）
久留米大学附設中学校
7年分（算数・理科・社会）
福岡大学附属大濠中学校
7年分（算数・理科・社会）

佐賀県

早稲田佐賀中学校
7年分（算数・理科・社会）

長崎県

青雲中学校
7年分（算数・理科・社会）

鹿児島県

ラ・サール中学校
7年分（算数・理科・社会）

※もっと過去問シリーズは
国語の収録はありません。

教英出版
〒422-8054
静岡県静岡市駿河区南安倍3丁目12－28
TEL 054-288-2131
FAX 054-288-2133
詳しくは教英出版で検索
教英出版　検索
URL https://kyoei-syuppan.net/

適性検査Ⅰ

⑥

注意

1　問題は［1］のみで、**5ページ**にわたって印刷してあります。

2　検査時間は**四十五分**で、終わりは**午前九時四十五分**です。

3　声を出して読んではいけません。

4　答えは全て解答用紙に明確に記入し、**解答用紙だけを提出しなさい。**

5　答えを直すときは、きれいに消してから、新しい答えを書きなさい。

6　**受検番号**を解答用紙の決められたらんに記入しなさい。

東京都立立川国際中等教育学校

1 次の文章は、「最適化のアルゴリズム」という、インターネット上で個人の好みに合った情報が自動的に選択《せんたく》される仕組みについて、筆者が説明したものです。これを読んで、あとの問いに答えなさい。
（＊印のついている言葉には本文のあとに〔注〕があります。）

ここまでに見てきたような最適化のアルゴリズムの背景《はいけい》には、どのような思想が潜《ひそ》んでいるのでしょうか。

おそらくそれは、「人間が好きなものには一定のパターンがあり、そのパターンを学習すれば、その人間の行動は予測できる」というものではないでしょうか。

そのような予測をするには、膨大《ぼうだい》なデータベースが必要です。「私《わたし》」の行動を予測するためには、まず、「私」以外の無数のユーザーが何を検《けん》索《さく》し、どんなサイトを閲覧《えつらん》し、何を買っているのかを把握《はあく》しなければなりません。そのデータベースから、「ある特徴《とくちょう》を持つユーザーがどんな行動をするのか」というパターンが分析《ぶんせき》されていきます。そして、そのパターンのなかに「私」を位置づけることで、「私」の行動を予測することがはじめて可能になるのです。

このような考え方は、非常に大きく言えば、世界を科学的に捉《とら》えようとする態度と＊通底するものです。科学は、この世界に起こる事象を法則に基《もと》づいて説明しようとします。そこで理想とされるのは、すべての自然現象を説明することができるような、一般的《いっぱんてき》な法則を解き明かすことです。そうした法則が解明されれば、これから起こるすべての自然現象は完全に予測可能になるでしょう。

気象予報をはじめとして、このような科学的な予測は、いまだ不確実性の残るものだとしても、私たちの日常生活にとって欠かせないものになっています。しかし、科学的に説明された自然現象からは、個性が失われます。たとえば気象予報において、降雨《こうう》の法則が完全に明らかになれば、今日降《ふ》った雨の状況《じょうきょう》から、明日降る雨の状況を予測することができます。科学的に考えれば、降雨の法則に同じように従《したが》うという意味において、今日の雨と明日の雨にちがいはありません。

でも、私たちはそこにちがいを感じることもできます。たとえば、まったく同じ降水量《こうすいりょう》だとしても、今日の雨はなんだか物悲しく感じ、寂《さび》しい気持ちにさせるけれど、次の日の雨は、なんだか傍《そば》に寄り添《そ》ってくれるような、親しみのある雨になるかもしれません。そのように、今日の雨と次の日の雨はまったくちがったものになるかもしれません。雨にもそうした個性があるのです。それなのに、雨を科学的に説明しようとした途端《とたん》、そのちがいは失われてしまいます。雨は法則に＊還元《かんげん》され、そのときそのときの雨が持っている個性は見失われてしまうのです。

同じことが、アルゴリズムに基づく行動予測にもあてはまります。たとえば「私」は＊ロック音楽が好きだとしましょう。しかし、同じ曲を聴《き》いているときでも、今日聴いているときの気持ちと、明日聴いているときの気持ちは、まったくちがうかもしれません。ある曲を今までに

100回、同じような気持ちで聴いていたのに、次の1回は今までとまったくちがった印象を受け、まったくちがう気持ちになるかもしれません。音楽を聴くという体験にも、1回1回の個性があるのです。それに対して、アルゴリズムによる行動予測は、そうした個性を無視《むし》することになってしまいます。

この問題を鋭《するど》く*洞察《どうさつ》した哲学者《てつがくしゃ》がいます。フランスの思想家、アンリ・ベルクソン（1859－1941）です。

ベルクソンは、この世界をただ科学的にだけ説明しようとする考え方を*痛烈《つうれつ》に*批判《ひはん》しました。彼《かれ》によれば、そうした説明はこの世界を抽象的《ちゅうしょうてき》に眺《なが》めてなされるものであり、その具体的な姿《すがた》を捉えることにはなりません。もちろんそれは、科学がまちがっているとか、信頼《しんらい》に値《あたい》しないとかいうことを意味するわけではありません。ただ、それだけでは捉えつくすことのできないものが、この世界にはある、と彼は考えたのです。

まず、この世界を抽象的に眺めることと、具体的に眺めることのちがいがどこにあるのかを考えてみましょう。さしあたりそれは、「未来を予見可能なものとして捉えるか、それとも予見不可能なものとして捉えるのか」というちがいとして説明することができます。

たとえば、気象に関する科学的な知識やデータを*動員すれば、「明日、雨が降る」ということを予測することはできます。このとき予測されているのは、いわば「抽象的な雨」です。つまり、いつ、どこで降る雨とも等価であり、同じような条件であれば同じように降る雨です。それに対して「具体的な雨」は、「私」にとって個性を持っています。そしてその個性は、科学的には予測することができません。明日降る雨の量を科学的に予測することはできます。しかし、それが「私」にとってどのようなものとして経験されるのか、ということは、事前に予測することはできないのです。

「ある出来事が予見不可能である」ということは、それが「偶然《ぐうぜん》に起こる」ということです。つまり、それはそのように起こらないこともできるのに、そのように起こらなければならない理由などないのに、そのように起こってしまうということです。だからこそ、この世界をその具体的な姿において眺めたとき、世界は偶然の連続であるように見えます。次の瞬間《しゅんかん》に何が、どのように起こるかは、まったくわからないのです。

ベルクソンは、こうした偶然性を前提にしなければ説明できない現象が、この世界にはあると考えました。その例として挙げられるのが、生命の進化です。生命は同じ姿のままに留《とど》まることなく、時間をかけて変化し、ときに信じられないような*形態を獲得《かくとく》します。ベルクソンは、生命が時折見せるこうした偶然的な変化を、「創造的進化《そうぞうてきしんか》」と呼《よ》びます。

科学的な世界観に従うなら、生命の進化も含《ふく》め、この世界で起こることはすべて何らかの法則に従っている、ということになるはずです。しかし、現実の世界には、法則には還元できない、誰《だれ》にも予測できないことが起こり、それによって新しいものが、それまでは思いつくことさえ不可能だったことが引き起こされるのです。

ベルクソンは、こうした予見不可能な創造的進化は、「私」をとり巻《ま》く*外界の世界の事物だけではなく、「私」自身に関しても起こる、と考えていました。

たとえば、多くの人は、小学生のときの「私」も現在の「私」も、どちらも同じ「私」だ、と考えているでしょう。そのとき、その人はおそらく、「私」という変わることのない*実体がまずあり、その実体が誕生《たんじょう》から小学校時代などを経て現在までの、さまざまな状況を移ってきた、というふうに理解しているのではないでしょうか。それはたとえて言えば、「私」を一つのボールとして捉え、そのボールの置かれる部屋が時につれて移っていく、しかし、同じボールであることに変わりはない、と考えることに似ています。

しかしこれは、「私」をただのモノのように捉える考え方であり、その意味で科学的な見方である、と言えます。それに対してベルクソンは、「人間はあくまでも生命であり、単なるモノではない」という点を強調します。そして生命である以上、「私」もまた、予見不可能な創造的進化を遂《と》げるのです。

もっとシンプルに言えば、このことは、明日の「私」がどんな人間かは、まだわからない、ということでもあります。明日の「私」が何者であるか、この世界をどのように感じ、どんな気持ちで生きるのかは、予測できません。時間の経過が私たちの存在《そんざい》を、常に新しいもの、別なものに変えていくからです。

しかしそれは、「私」が一瞬《いっしゅん》ごとに異《こと》なるバラバラな人格になる、ということではありません。確かに、昨日の「私」と今日の「私」、明日の「私」は、それぞれちがった存在です。しかし「私」は記憶《きおく》によってその時間の経過を自分のなかに宿すことができる、とベルクソンは考えました。つまり、一瞬ごとに新しい存在である人間は、同時に、これまでの自分の歩みを「記憶」という形で保持し、それを更新《こうしん》しつづける存在でもある、ということです。ベルクソンは、そうした記憶に宿る時間のあり方を「持続」と呼んでいます。

SNSを支配する最適化のアルゴリズムは、このように生きる人間の具体的な時間を、正しく捉えることができません。なぜならアルゴリズムは、あるときに捉えた「私」のデータに基づいて、「私」はどんな場合にも同じ好みを持ち、同じものに関心を寄せ、これまで関心を寄せてきたものにこれからも関心を寄せつづけるだろう、という考えのもとに動作するからです。しかし、それは真実ではありません。私たちは、昨日まで関心があったことに、今日、関心がなくなるかもしれないし、あるいは今日関心がないことに、明日、突然《とつぜん》関心を持つかもしれないからです。それこそが、生命の創造的進化にほかならないのです。

もっとも私は、こうした理由で、「SNSを支配するアルゴリズムによって、私たちは自分自身を創造する機会――つまり今までとは異なる、新しい存在になる機会を奪《うば》われている。だからSNSを使うのをやめよう」

と言いたいわけではありません。私たちはこれからも、アルゴリズムの提供《ていきょう》する偶然性のない世界のなかで、これまでと同じような人と友達になるかもしれません。これまでと同じような動画を見て、同じような音楽を聴くのかもしれません。しかし大切なことは、その一回一回の体験は、それぞれちがっているということです。そして、「私」がどんな体験をするかは、実際にそれを体験するまではわかりません。そこには、アルゴリズムにも征服《せいふく》することのできない、生命の予見不可能性が、根本的な偶然性が潜んでいるからです。

（戸谷洋志《とやひろし》「SNSの哲学《てつがく》　リアルとオンラインのあいだ」（一部改変）による）

〈注〉
通底——共通する部分が多いこと。
還元《かんげん》——物事をあるべきかたちに戻《もど》すこと。
ロック音楽——音楽の種類のひとつ。
洞察《どうさつ》——物事を観察してその奥底《おくそこ》まで見抜《みぬ》くこと。
痛烈《つうれつ》——非常に激《はげ》しいさま。
批判《ひはん》——人の言動の誤《あやま》りや欠点を指摘《してき》すること。
動員——ある目的のために、ものを集めること。
形態——ある物事の、外から見た形。
外界——自分を取り巻《ま》く周りの世界。
実体——そのものの本当の姿《すがた》。

〈問題1〉「このような考え方」とありますが、これはどのような考え方のことですか。六十字以上七十字以内で説明しなさい。

〈注意〉
答えは一ますめから書き、段落《だんらく》を変えてはいけません。
、や。や「などの記号もそれぞれ字数に数えます。

〈問題2〉「彼《かれ》によれば、そうした説明はこの世界を抽象的《ちゅうしょうてき》に眺《なが》めてなされるものであり、その具体的な姿《すがた》を捉えることにはなりません」とありますが、「具体的な姿を捉える」とは、世界をどのように見ることであると筆者は説明していますか。二十五字以上三十五字以内で説明しなさい。

〈注意〉
答えは一ますめから書き、段落《だんらく》を変えてはいけません。
、や。や「などの記号もそれぞれ字数に数えます。

〈問題3〉

筆者は本文において、人間はどのような存在《そんざい》であると述べていますか。また、そのような筆者の考え方はあなたの学校生活においてどのように生かせるでしょうか。以下の条件にしたがって四〇〇字以上四六〇字以内で答えなさい。

①第一段落《だんらく》では、筆者が人間はどのような存在であると述べているかを説明すること。

②第二段落では、学校生活における具体的な場面を一つあげながら、筆者の考え方をどのように生かすか述べること。

〈注意〉

文章は必ず二段落《だんらく》になるようにしなさい。

書き出しや段落を変えたときの空らんは字数に数えます。

、や。や「といった記号もそれぞれ字数に数えます。

適性検査Ⅱ

注　　意

1　問題は **1** から **3** までで、12ページにわたって印刷してあります。

2　検査時間は45分で、終わりは**午前11時00分**です。

3　声を出して読んではいけません。

4　計算が必要なときは、この問題用紙の余白を利用しなさい。

5　答えは全て解答用紙に明確に記入し、**解答用紙だけを提出しなさい。**

6　答えを直すときは、きれいに消してから、新しい答えを書きなさい。

7　**受検番号**を解答用紙の決められたらんに記入しなさい。

東京都立立川国際中等教育学校

問題は次のページからです。

1　運動会の得点係の**花子**さんと**太郎《たろう》**さんは、係活動の時間に得点板の準備をしています。

花　子：今年は新しい得点板を作ろうよ。
太　郎：私《わたし》もそう思っていたので用意してきたよ。ボード（**図1**）に棒状《ぼうじょう》のマグネット（**図2**）をつけて、数字を表すんだ。
花　子：ボードが３枚《まい》あれば、３けたまでの得点を表すことができるんだね。赤組と白組があるから、６枚のボードが必要だね。

図1　ボード

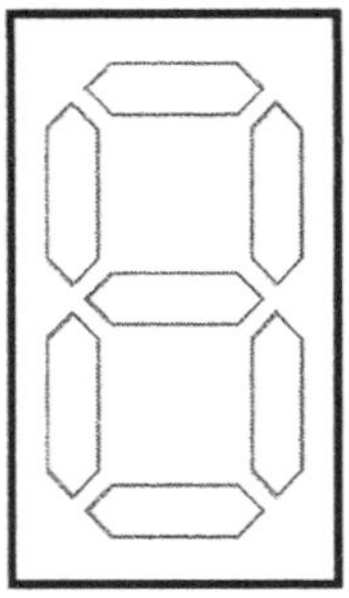

図2　棒状《ぼうじょう》のマグネット

太　郎：６枚のとう明でないボードは用意してあるから、ボードにつける棒状のマグネットを作ろうよ。
花　子：どのような作業が必要かな。
太　郎：マグネットシートに棒状のマグネットの型を「かく」作業と、かいたものを型どおりに「切る」作業の、２種類の作業が必要だよ。
花　子：先に「かく」作業から始めないといけないね。マグネットシート１枚から、棒状のマグネットは何個作れるのかな。
太　郎：１枚のマグネットシートからは、６個の棒状のマグネットが作れるんだよ。だから、マグネットシートを７枚用意したよ。
花　子：作業には、それぞれどのくらいの時間がかかるのかな。
太　郎：以前に試《ため》してみたことがあるけれど、私はマグネットシート１枚当たり「かく」作業に１０分、「切る」作業に５分かかったよ。
花　子：私は「かく」作業と「切る」作業に、それぞれどのくらいの時間がかかるかな。
太　郎：試してみようよ。どのくらいの時間がかかるのか、計ってあげるよ。

花子さんは１枚のマグネットシートから、６個の棒状のマグネットを作りました。

太　郎：**花子**さんは、「かく」作業も「切る」作業も、マグネットシート１枚当たりそれぞれ７分かかったよ。これで、二人の作業にかかる時間が分かったね。

花　子：二人で力を合わせて、棒状のマグネットを作ろうよ。作業をするときに注意することはあるかな。

太　郎：作業中のシートが混ざらないようにしたいね。

花　子：では、「かく」作業をするときも、「切る」作業をするときも、マグネットシート１枚分の作業を終わらせてから、次の作業をするようにしよう。

太　郎：それがいいね。でも、どちらかの人が「かく」作業を終えた１枚分のマグネットシートを、もう一方の人が「切る」作業をすることはいいことにしよう。

花　子：マグネットシートが残っている間は、休まずにやろう。

太　郎：マグネットシートは、あと６枚残っているよ。

花　子：６枚のマグネットシートを全て切り終えると、私の試した分と合わせて棒状のマグネットが４２個になるね。

太　郎：それだけあれば、十分だよね。次の係活動の時間に、６枚のマグネットシートを全て切り終えよう。

花　子：それまでに、作業の順番を考えておこうか。

太　郎：分担《ぶんたん》の仕方を工夫《くふう》して、できるだけ早く作業を終わらせたいよね。

花　子：係活動の時間が４５分間なので、時間内に終わるようにしたいね。

〔問題１〕　二人で６枚のマグネットシートを切り終えるのが４５分未満になるような作業の分担《ぶんたん》の仕方を考え、答え方の例のように、「かく」、「切る」、「→」を使って、解答らんに**太郎**《たろう》さんと**花子**さんの作業の順番をそれぞれ書きなさい。また、６枚のマグネットシートを切り終えるのにかかる時間を答えなさい。

ただし、最初の作業は同時に始め、二人が行う「かく」または「切る」作業は連続して行うものとし、間は空けないものとします。二人が同時に作業を終えなくてもよく、それぞれが作業にかかる時間は常に一定であるものとします。

行った作業	答え方の例
１枚のマグネットシートに「かく」作業をした後に、型がかかれているマグネットシートを「切る」作業をする場合。	かく　→　切る
１枚のマグネットシートに「かく」作業をした後に、他の１枚のマグネットシートを「かく」作業をする場合。	かく　→　かく

太郎さんと**花子**さんは、次の係活動の時間で棒状のマグネットを作りました。そして、運動会の前日に、得点係の打ち合わせをしています。

太　郎：このマグネットで、０から９の数字を表すことができるよ。（**図３**）

図３　マグネットをつけて表す数字

花　子：マグネットは、つけたり取ったりすることができるから便利だね。１枚のボードを１８０度回して、別の数字を表すこともできそうだね。

太　郎：そうだよ。６のボードを１８０度回すと９になるんだ。ただし、マグネットをつけるボードはとう明ではないから、ボードを裏返《うらがえ》すと数字は見えなくなるよ。

花　子：そうなんだ。

太　郎：２枚のボードを入れかえて、違《ちが》う数字を表すこともできるよ。例えば、１２３の１と３のボードを入れかえて、３２１にすることだよ。（**図４**）

花　子：工夫をすると、短い時間で変えられそうだね。

太　郎：操作《そうさ》にかかる時間を計ってみようか。全部で操作は４種類あるから、操作に番号をつけるよ。

図４　ボードを入れかえる前と後

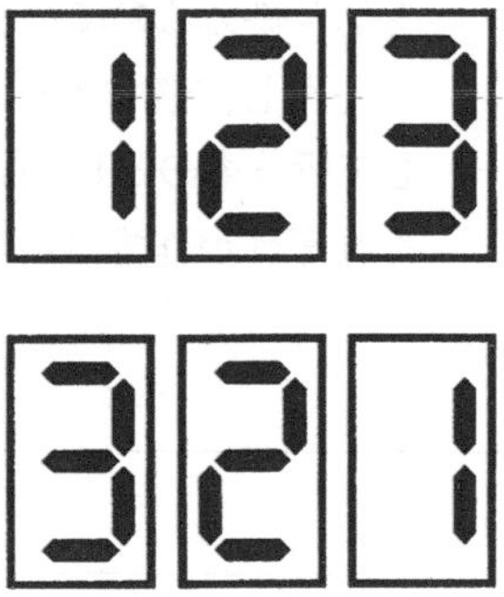

得点板の操作を一人で行ったときにかかる時間

操作１：１個のマグネットをつける	２秒
操作２：１個のマグネットを取る	２秒
操作３：１枚のボードを１８０度回す	３秒
操作４：２枚のボードを入れかえる	３秒

花　子：得点は、３けたまで必要だよね。短い時間で変えられるような、工夫の仕方を考えよう。

太　郎：では、私一人で得点板の数字を４５６から９８７にしてみるよ。何秒で、できるかな。

〔問題２〕 得点板の数字を456から987にする場合、最短で何秒かかるのか答えなさい。
また、答え方の例を参考にして、解答らんに元の数字と変えた数字をそれぞれ一つずつ書き、文章で説明しなさい。ただし、解答らんの全ての段《だん》を使用しなくても構いません。

操作《そうさ》 （かかる時間）	答え方の例
001を008にする場合 （１０秒）	〔 １ 〕→〔 ８ 〕 １にマグネットを５個つける。
008を009にする場合 （２秒）	〔 ８ 〕→〔 ９ 〕 ８からマグネットを１個取る。
004を005にする場合 （６秒）	〔 ４ 〕→〔 ５ 〕 ４にマグネットを２個つけて１個取る。
016を019にする場合 （３秒）	〔 ６ 〕→〔 ９ 〕 ６のボードを１８０度回す。
123を321にする場合 （３秒）	〔 １ 〕→〔 ３ 〕 一の位と百の位のボードを入れかえる。 〔 ３ 〕→〔 １ 〕 ※どちらの書き方でもよい。

2　**花子**さんと**太郎**《たろう》さんは、休み時間に**先生**と交通手段《しゅだん》の選び方について話をしています。

花　子：家族と祖父母の家に行く計画を立てているときに、いくつか交通手段があることに気がつきました。

太　郎：主な交通手段といえば、鉄道やバス、航空機などがありますね。私《わたし》たちは、目的地までのきょりに応じて交通手段を選んでいると思います。

花　子：交通手段を選ぶ判断材料は、目的地までのきょりだけなのでしょうか。ほかにも、交通手段には、さまざまな選び方があるかもしれません。

先　生：よいところに気がつきましたね。実は、**太郎**さんが言ってくれた目的地までのきょりに加えて、乗りかえのしやすさなども、交通手段を選ぶときに参考にされています。

太　郎：人々《ひとびと》は、さまざまな要素から判断して交通手段を選んでいるのですね。

花　子：実際に移動するときに、人々がどのような交通手段を選んでいるのか気になります。同じ地域《ちいき》へ行くときに、異《こと》なる交通手段が選ばれている例はあるのでしょうか。

先　生：それでは例として、都道府県庁《とどうふけんちょう》のあるA、B、C、Dという地域について取り上げてみましょう。**図1**を見てください。これは、AからB、C、Dへの公共交通機関の利用割合《わりあい》を示したものです。

図1　AからB、C、Dへの公共交通機関の利用割合《わりあい》

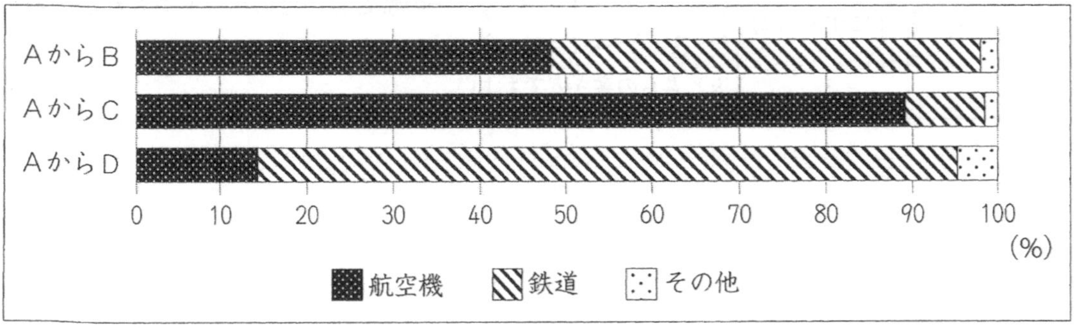

（第6回（２０１５年度）全国《ぜんこく》幹線《かんせん》旅客《りょかく》純流動《じゅんりゅうどう》調査《ちょうさ》より作成）

太　郎：**図1**を見ると、AからB、AからC、AからDのいずれも、公共交通機関の利用割合は、ほとんどが航空機と鉄道で占《し》められていますね。目的地によって、航空機と鉄道の利用割合が異なることは分かりますが、なぜこれほどはっきりとしたちがいが出るのでしょうか。

先　生：それには、交通手段ごとの所要時間が関係するかもしれませんね。航空機は、出発前に荷物の検査など、さまざまな手続きが必要なため、待ち時間が必要です。鉄道は、主に新幹線を使うと考えられます。新幹線は、荷物の検査など、さまざまな手続きが必要ないため、出発前の待ち時間がほとんど必要ありません。

花　子：そうなのですね。ほかにも、移動のために支はらう料金も交通手段を選ぶ際の判断材料になると思います。

1 解答用紙

適性検査Ⅰ

〔問題1〕25点

60

70

〔問題2〕25点

25

35

〔問題3〕50点

100

受検番号

得点
※

※のらんには、記入しないこと

※100点満点

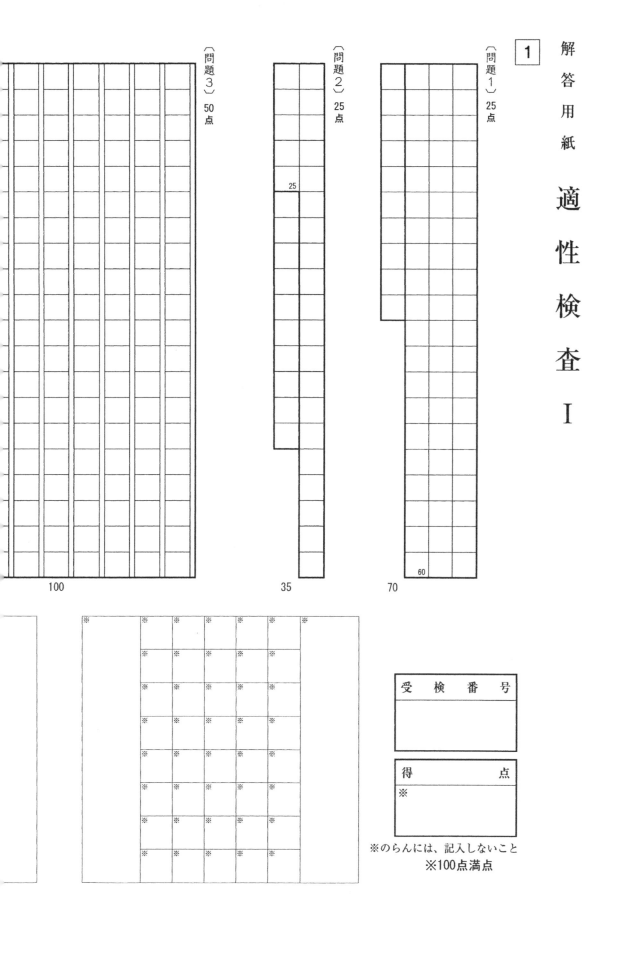

（6　立川国際）

解答用紙　適性検査Ⅱ

※100点満点

受　検　番　号

得　　点
※

※のらんには、記入しないこと

1

〔問題１〕 20点

〔**太郎**《たろう》さんの作業〕

〔**花子**さんの作業〕

〔６枚《まい》のマグネットシートを切り終えるのにかかる時間〕　（　　　　）分

※

〔問題２〕 20点

〔得点板の数字を４５６から９８７にするのにかかる最短の時間〕（　　　　）秒

〔　　　　〕→〔　　　　〕

〔　　　　〕→〔　　　　〕

〔　　　　〕→〔　　　　〕

〔　　　　〕→〔　　　　〕

〔　　　　〕→〔　　　　〕

※

2

〔問題１〕 15点

(選んだ一つを○で囲みなさい。)
ＡからＣ　　　ＡからＤ

※

〔問題２〕 15点

〔「ふれあいタクシー」の取り組みが必要になった理由〕
〔「ふれあいタクシー」導入の効果〕

※

3

〔問題１〕　12点

※

〔問題２〕　18点

〔組み合わせ〕
〔理由〕

※

（6　立川国際）

460　400　300　200

※のらんには、記入しないこと

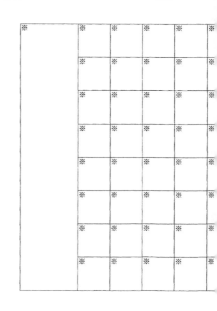

太　郎：図1のＡからＢ、Ｃ、Ｄへの移動について、具体的に調べてみたいですね。

花　子：それでは、出発地と到着地《とうちゃくち》をそれぞれの都道府県庁に設定して、Ａにある都道府県庁からＢ、Ｃ、Ｄにある都道府県庁まで、主に航空機と鉄道をそれぞれ使って移動した場合の所要時間と料金を調べてみましょう。

先　生：空港や鉄道の駅は、都道府県庁から最も近い空港や鉄道の駅を調べるとよいですよ。

花子さんと**太郎**さんは、インターネットを用いて、Ａにある都道府県庁からＢ、Ｃ、Ｄにある都道府県庁まで、主に航空機と鉄道をそれぞれ使って移動した場合の所要時間と料金を調べ、**表1**にまとめました。

表1　Ａにある都道府県庁《とどうふけんちょう》からＢ、Ｃ、Ｄにある都道府県庁まで、主に航空機と鉄道をそれぞれ使って移動した場合の所要時間と料金

	主な交通手段《こうつうしゅだん》	*所要時間	料金
Ａにある都道府県庁から Ｂにある都道府県庁	航空機	２時間５８分 （１時間１５分）	２８６００円
	鉄道	４時間２６分 （３時間１２分）	１８７４０円
Ａにある都道府県庁から Ｃにある都道府県庁	航空機	３時間７分 （１時間３５分）	２４０７０円
	鉄道	６時間１分 （４時間２８分）	２２９００円
Ａにある都道府県庁から Ｄにある都道府県庁	航空機	３時間１分 （１時間５分）	２４４６０円
	鉄道	３時間４４分 （２時間２１分）	１５７００円

*待ち時間をふくめたそれぞれの都道府県庁《とどうふけんちょう》間の移動にかかる所要時間。かっこ内は、「主な交通手段《こうつうしゅだん》」を利用している時間。

（第６回（２０１５年度）全国幹線旅客純流動調査《ぜんこくかんせんりょかくじゅんりゅうどうちょうさ》などより作成）

花　子：私たちは、交通手段の所要時間や料金といった判断材料を用いて、利用する交通手段を選んでいるのですね。

〔問題１〕　**花子**さんは「私たちは、交通手段の所要時間や料金といった判断材料を用いて、利用する交通手段を選んでいるのですね。」と言っています。**図１**中のＡからＣ、またはＡからＤのどちらかを選び、その選んだ公共交通機関の利用割合とＡからＢの公共交通機関の利用割合を比べ、選んだ公共交通機関の利用割合がなぜ**図１**のようになると考えられるかを**表１**と会話文を参考にして答えなさい。なお、解答用紙の決められた場所にどちらを選んだか分かるように○で囲みなさい。

太　郎：目的地までの所要時間や料金などから交通手段を選んでいることが分かりました。

花　子：そうですね。しかし、地域によっては、自由に交通手段を選ぶことが難《むずか》しい場合もあるのではないでしょうか。

先　生：どうしてそのように考えたのですか。

花　子：私の祖父母が暮《く》らしているE町では、路線バスの運行本数が減少しているという話を聞きました。

太　郎：なぜ生活に必要な路線バスの運行本数が減少してしまうのでしょうか。E町に関係がありそうな資料について調べてみましょう。

太郎さんと**花子**さんは、**先生**といっしょにインターネットを用いて、E町の路線バスの運行本数や人口推移《すいい》について調べ、**表2**、**図2**にまとめました。

表2　E町における路線バスの平日一日あたりの運行本数の推移《すいい》

年度	2011	2012	2013	2014	2015	2016	2017	2018	2019	2020	2021
運行本数	48	48	48	48	48	48	34	34	32	32	32

（令和2年地域公共交通網形成計画《ちいきこうきょうこうつうもうけいせいけいかく》などより作成）

図2　E町の人口推移《すいい》

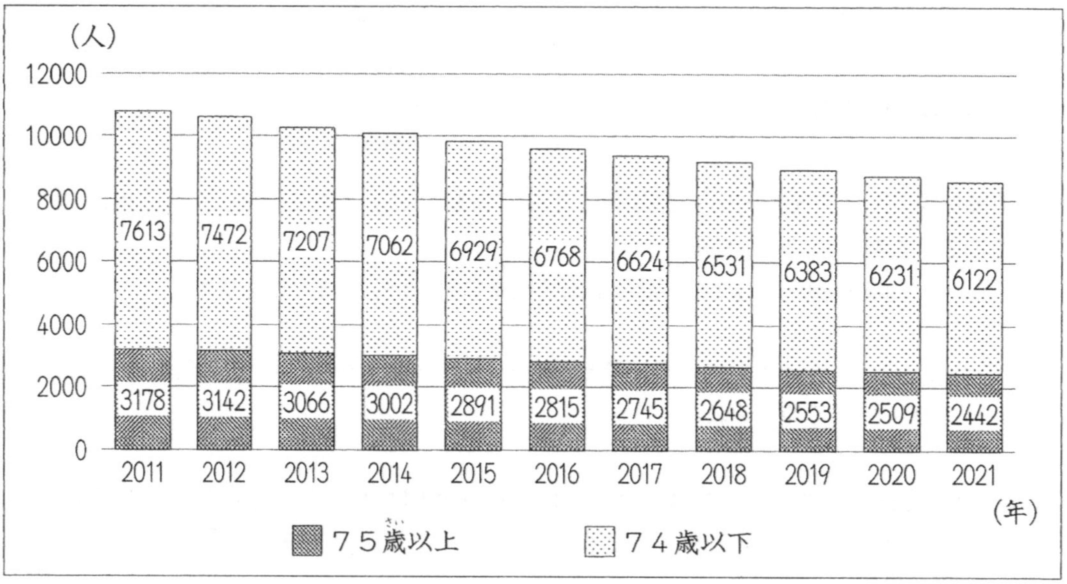

（住民基本台帳より作成）

花　子：**表2**、**図2**を読み取ると、E町の路線バスの運行本数や人口に変化があることが分かりますね。調べる中で、E町は「ふれあいタクシー」の取り組みを行っていることが分かりました。この取り組みについて、さらにくわしく調べてみましょう。

花子さんと**太郎**さんは、インターネットを用いて、E町の「ふれあいタクシー」の取り組みについて調べ、**図3**、**表3**にまとめました。

図3　E町の「ふれあいタクシー」の取り組みについてまとめた情報

補助《ほじょ》対象者・利用者	① ７５歳《さい》以上の人 ② ７５歳未満で運転免許証《うんてんめんきょしょう》を自主的に返納《へんのう》した人 ③ 妊婦《にんぷ》などの特別に町長が認《みと》めた人　　など
「ふれあいタクシー」の説明	自宅《じたく》から町内の目的地まで運んでくれる交通手段《しゅだん》であり、E町では２０１７年から導入された。利用するためには、利用者証の申請《しんせい》が必要である。２０２３年現在、町民一人あたり１か月に２０回以内の利用が可能で、一定額をこえたタクシー運賃《うんちん》を町が負担《ふたん》する。

（令和２年地域公共交通網形成計画《ちいきこうきょうこうつうもうけいせいけいかく》などより作成）

表3　E町の「ふれあいタクシー」利用者証新規交付数・*累計《るいけい》交付数の推移《すいい》

年度	２０１７	２０１８	２０１９	２０２０	２０２１
利用者証新規交付数	８７２	８６３	２１０	２８５	９５
利用者証累計交付数	８７２	１７３５	１９４５	２２３０	２３２５

*累計《るいけい》：一つ一つ積み重ねた数の合計。

（令和２年地域公共交通網形成計画《ちいきこうきょうこうつうもうけいせいけいかく》などより作成）

先　生：興味深いですね。調べてみて、ほかに分かったことはありますか。

太　郎：はい。２０２１年においては、「ふれあいタクシー」の利用者証を持っている人のうち、９０％近くが７５歳《さい》以上の人で、全体の利用者も、９０％近くが７５歳以上です。利用者の主な目的は、病院や買い物に行くことです。また、利用者の９０％近くが「ふれあいタクシー」に満足しているという調査結果が公表されています。

花　子：「ふれあいタクシー」は、E町にとって重要な交通手段の一つになったのですね。

太　郎：そうですね。E町の「ふれあいタクシー」導入の効果について考えてみたいですね。

〔問題２〕 **太郎**さんは「E町の「ふれあいタクシー」導入の効果について考えてみたいですね。」と言っています。E町で「ふれあいタクシー」の取り組みが必要になった理由と、「ふれあいタクシー」導入の効果について、**表2**、**図2**、**図3**、**表3**、会話文から考えられることを説明しなさい。

3　**花子**さんと**太郎**《たろう》さんがまさつについて話をしています。

花　子：生活のなかで、すべりにくくする工夫《くふう》がされているものがあるね。

太　郎：**図1**のように、ペットボトルのキャップの表面に縦《たて》にみぞがついているものがあるよ。手でキャップを回すときにすべりにくくするためなのかな。

花　子：プラスチックの板を使って調べてみよう。

図1　ペットボトル

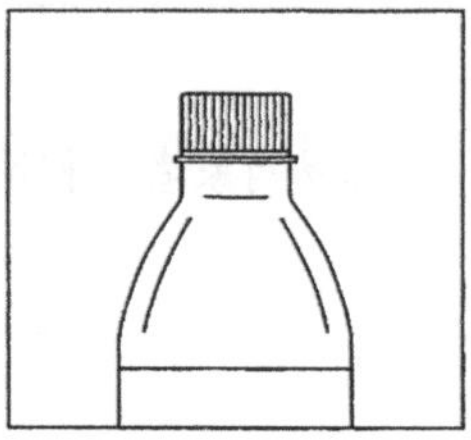

二人は、次のような**実験1**を行いました。

実験1

手順1　1辺が7cmの正方形の平らなプラスチックの板を何枚《まい》か用意し、**図2**のようにそれぞれ糸をつける。

図2　手順1の板

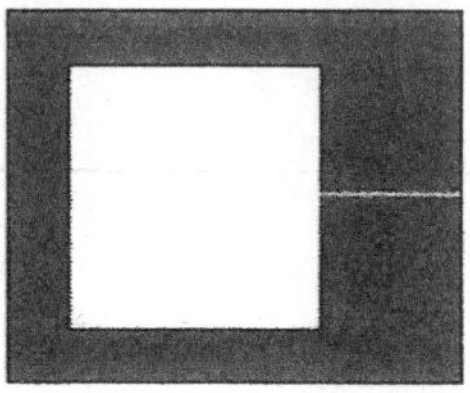

手順2　机《つくえ》の上にフェルトの布を固定し、その上に正方形のプラスチックの板を置く。

手順3　プラスチックの板の上に750gの金属をのせる。

手順4　同じ重さのおもりをいくつか用意する。**図3**のように、糸の引く方向を変えるために机に表面がなめらかな金属の丸い棒《ぼう》を固定し、プラスチックの板につけた糸を棒の上に通して、糸のはしにおもりをぶら下げる。おもりの数を増やしていき、初めてプラスチックの板が動いたときのおもりの数を記録する。

図3　手順4の様子

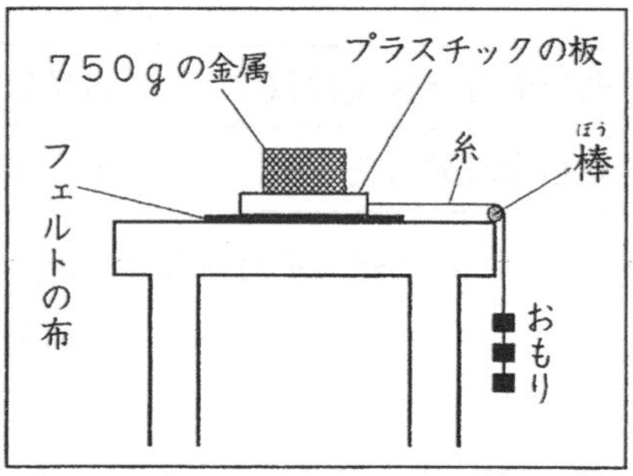

手順5　手順3の金属を1000gの金属にかえて、手順4を行う。

手順6　**図4**のように、手順1で用意したプラスチックの板に、みぞをつける。みぞは、糸に対して垂直《すいちょく》な方向に0.5cmごとにつけることとする。

図4　手順6の板

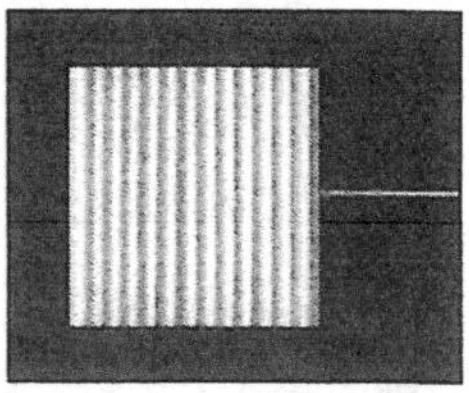

手順7　手順6で作ったプラスチックの板を、みぞをつけた面を下にして手順2～手順5を行い、記録する。

手順8　**図5**のように、手順1で用意したプラスチックの板に、みぞをつける。みぞは、糸に対して平行な方向に0.5cmごとにつけることとする。

図5　手順8の板

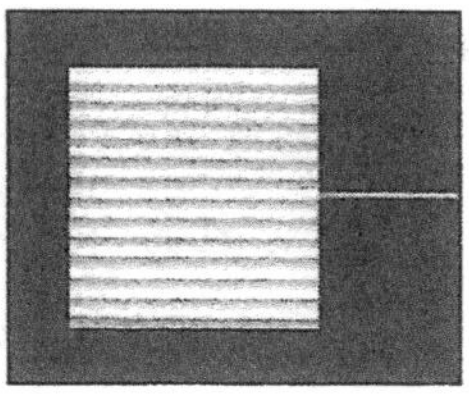

手順9　手順8で作ったプラスチックの板を、みぞをつけた面を下にして手順2～手順5を行い、記録する。

実験1の結果は、**表1**のようになりました。

表1　実験1の結果

	手順１の板	手順６の板	手順８の板
７５０ｇの金属をのせて調べたときのおもりの数（個）	１４	１９	１３
１０００ｇの金属をのせて調べたときのおもりの数（個）	１８	２５	１７

太　郎：手でペットボトルのキャップを回すときの様子を調べるために、机の上にフェルトの布を固定して実験したのだね。

花　子：ペットボトルのキャップを回すとき、手はキャップをつかみながら回しているよ。

〔問題１〕　手でつかむ力が大きいときでも小さいときでも、**図1**のように、表面のみぞの方向が回す方向に対して垂直《すいちょく》であるペットボトルのキャップは、すべりにくくなると考えられます。そう考えられる理由を、**実験1**の結果を使って説明しなさい。

太　郎：そりで同じ角度のしゃ面をすべり下りるとき、どのようなそりだと速くすべり下りることができるのかな。

花　子：しゃ面に接する面積が広いそりの方が速くすべり下りると思うよ。

太　郎：そうなのかな。重いそりの方が速くすべり下りると思うよ。

花　子：しゃ面に接する素材によっても速さがちがうと思うよ。

太　郎：ここにプラスチックの板と金属の板と工作用紙の板があるから、まず面積を同じにして調べてみよう。

二人は、次のような**実験２**を行いました。

実験２

手順１　**図６**のような長さが約１００ｃｍで上側が平らなアルミニウムでできたしゃ面を用意し、水平な机《つくえ》の上でしゃ面の最も高いところが机から約４０ｃｍの高さとなるように置く。

図６　しゃ面

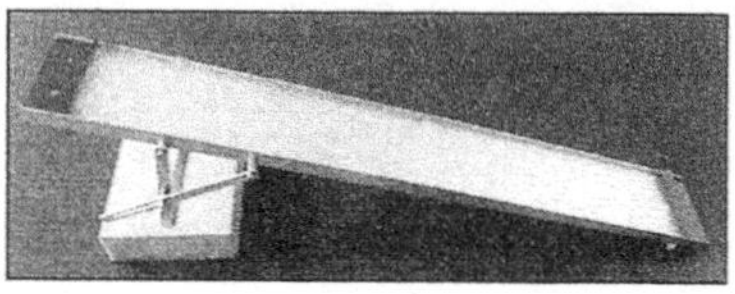

手順２　**図７**のような１辺が１０ｃｍの正方形のア～ウを用意し、重さをはかる。そして、それぞれしゃ面の最も高いところに置いてから静かに手をはなし、しゃ面の最も低いところまですべり下りる時間をはかる。ただし、工作用紙の板は、ますがかかれている面を上にする。

図７　ア～ウ

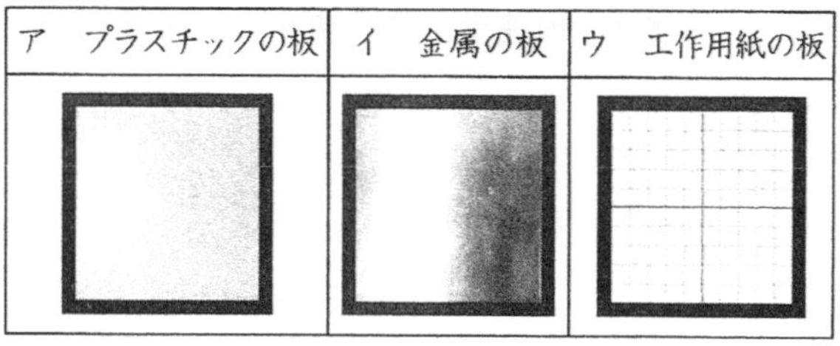

実験２の結果は、**表２**のようになりました。

表２　**実験２**の結果

	ア　プラスチックの板	イ　金属の板	ウ　工作用紙の板
面積（ｃｍ^2）	１００	１００	１００
重さ（ｇ）	５．２	２６．７	３．７
すべり下りる時間（秒）	１．４	０．９	１．８

太　郎：速くすべり下りるには、重ければ重いほどよいね。

花　子：本当にそうなのかな。プラスチックの板と金属の板と工作用紙の板をそれぞれ１枚《まい》ずつ積み重ねて調べてみよう。

二人は、次のような**実験3**を行いました。

実験3

手順1　**実験2**の手順1と同じしゃ面を用意する。

手順2　**実験2**の手順2で用いたプラスチックの板と金属の板と工作用紙の板を、それぞれ6枚ずつ用意する。それらの中からちがう種類の板、合計3枚を**図8**のように積み重ねて、板の間を接着ざいで接着したものを作り、1号と名前をつける。さらに、3種類の板を1枚ずつ順番をかえて積み重ねて、1号を作ったときに使用した接着ざいと同じ重さの接着ざいで接着したものを五つ作り、それぞれ2号～6号と名前をつける。ただし、積み重ねるとき、工作用紙の板は、ますがかかれている面が上になるようにする。

図8　板を積み重ねた様子

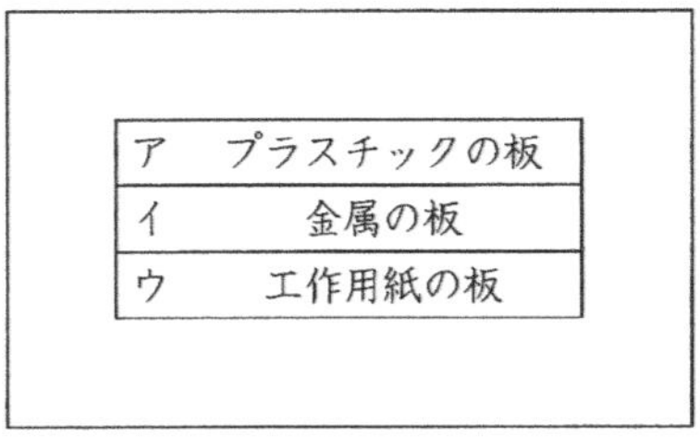

手順3　1号～6号を、積み重ねた順番のまま、それぞれしゃ面の最も高いところに置いてから静かに手をはなし、しゃ面の最も低いところまですべり下りる時間をはかる。

実験3の結果は、**表3**のようになりました。ただし、アはプラスチックの板、イは金属の板、ウは工作用紙の板を表します。また、A、B、Cには、すべり下りる時間（秒）の値《あたい》が入ります。

表3　**実験3**の結果

	1号	2号	3号	4号	5号	6号
積み重ねたときの一番上の板	ア	ア	イ	イ	ウ	ウ
積み重ねたときのまん中の板	イ	ウ	ア	ウ	ア	イ
積み重ねたときの一番下の板	ウ	イ	ウ	ア	イ	ア
すべり下りる時間（秒）	1.8	A	1.8	B	C	1.4

〔問題2〕　**実験3**において、1号～6号の中で、すべり下りる時間が同じになると考えられる組み合わせがいくつかあります。1号と3号の組み合わせ以外に、すべり下りる時間が同じになると考えられる組み合わせを一つ書きなさい。また、すべり下りる時間が同じになると考えた理由を、**実験2**では同じでなかった条件のうち**実験3**では同じにした条件は何であるかを示して、説明しなさい。

適性検査Ⅰ

注意

1　問題は 1 のみで、**3ページ**にわたって印刷してあります。
2　検査時間は**四十五分**で、終わりは**午前九時四十五分**です。
3　声を出して読んではいけません。
4　答えは全て解答用紙に明確に記入し、**解答用紙だけを提出しなさい。**
5　答えを直すときは、きれいに消してから、新しい答えを書きなさい。
6　**受検番号**を解答用紙の決められたらんに記入しなさい。

東京都立立川国際中等教育学校

1 次の文章を読み、あとの問題に答えなさい。
（*印のついている言葉には本文のあとに〈注〉があります。）

アメリカの *環境倫理学《かんきょうりんりがく》では、長らく「自然の価値論《かちろん》」という議論が行われてきました。それは「自然にはどのような価値があるか」を問うものですが、なぜこのような議論をしなければならなかったのでしょうか。それは、自然を守ろうという主張に対して、「なぜ自然を守らなければならないのか」という疑問《ぎもん》が *呈《てい》されるからです。その疑問に対して「自然には○○の価値があるから守らなければならないのだ」と答えるときの、○○にあたるものは何なのか、を検討《けんとう》するのが環境倫理学の課題だったのです。簡単《かんたん》に言えば、自然を守る理由を探究《たんきゅう》してきたわけです。

では、アメリカの環境倫理学はどのような答えを用意したのでしょうか。一つは「道具的価値」というものです。これは、自然は人間にとって役に立つから守るべきなのだ、という答えです。ここには人間の道具としての自然を守るという考え方があります。

もう一つは「*内在的価値」というものです。これは、自然はそれ自体がすばらしいものだから守るべきなのだ、人間にとって役に立つかどうかとは無関係に守るべきなのだ、という考え方です。

みなさんは、なぜ自然を守るのか、と聞かれたときにどう答えるでしょうか。ここで、先に示した二つの *陣営《じんえい》（人間のためVS自然自体のため）に分かれて議論することも可能ですし、アメリカの環境倫理学ではそうする *傾向《けいこう》がありました。

しかし、こういう二分法についてはこんな疑問もわくでしょう。自然を守る理由をもっとたくさん挙げることができるのに、どうしてこの二つに絞《しぼ》らなければならないのか。特定の場所の自然が問題になっているときには特にそうでしょう。

たとえば、「ここの自然は美しいから守るべき」という理由は、その場所の自然を美的に楽しむ *人間本位の理由でもありますが、かといって道具としての価値とは言い切れず、むしろその場所の自然自体のすばらしさを重視《じゅうし》しているように思えます。

あるいは「この森には神様が宿っているから開発してはいけない」という場合はどうでしょうか。こういう文化的・宗教《しゅうきょう》的な理由は、「道具的」でしょうか、「内在的」でしょうか。文化や宗教も人間のための道具だ、と割《わ》り切る人には「道具的」といえるかもしれません。しかし多くの場合、文化や宗教は道具を超《こ》えたものと理解されているように思います。

このように考えていくと、先の二分法にとらわれず、多様な理由をすべて尊重《そんちょう》しながら議論していくほうが、よりよい結論を生み出すように思われます。実際に、近年の環境倫理学では、自然を守る理由はたくさんあることが認《みと》められるとともに、自然を守るのは自然のためでもあるし、人間のためでもある、という考え方に意見が集約されてきています。

これに関連して、環境倫理学における「保存《ほぞん》（preservation）」と「保全（conservation）」の区別について紹介《しょうかい》します。どちらも「守る」という点では同じですが、守る理由が異《こと》なります。環境倫理学では「保存」は「自然のために守る」、「保全」は「人間のために守る」という意味で使われてきました。しかし先にふれたように、最近では、この区別はあまり重視されなくなりました。

少しややこしいのですが、自然を守ることを学問的使命にしている保全生態学の分野では、「保存」は「人間が手をつけないで守ること」とされ、「保全」は「人間が手を入れながら守ること」とされています。これは今でも通用している区分で、また重要な区分でもあります。以下で詳《くわ》しく見ていくことにします。

みなさんは「自然破壊《しぜんはかい》」といったら何をイメージしますか。たぶん「開発」や「*乱獲《らんかく》」などが自然破壊のイメージだと思います。そこから「自然保護」というのは開発や乱獲といった人間の行いから自然を守る、ということになるでしょう。この場合、自然を「保存」（人間が手をつけないで守る）すべきということになります。

加えて近年では、別のタイプの「自然破壊」に注目が集まっています。それは、里山の*荒廃《こうはい》という形の自然破壊です。「里山」とは、人が手を入れて管理してきた山林や田畑のことを指します。里山の荒廃とは、*過疎化《かそか》などによって山林や田畑が管理されずに放棄《ほうき》され、荒《あ》れ果てることを指します。この場合、人が手を入れなくなったことが問題で、このような自然は「保全」（人間が手を入れながら守る）がなされるべきだということになります。

一般《いっぱん》に、いったん人が手を加えたものに関しては、手を加え続けて維《い》持《じ》するのが正解だとされています。たとえば、家屋をきれいに維持するために、「できるだけ家にいないようにする」というのは間違《まちが》いで、これを実行すると家はほこりだらけになります。正解は「掃除《そうじ》をしながら住む」ことです。これと同じように、人が手を入れてつくりあげた里山は、末永く手入れを続けないといけないのです。

このように自然破壊に二つのタイプがあるので、それと対応する形で、自然保護にも二つのタイプがあります（自然破壊の種類としては、外来種や化学物質による破壊と、地球温暖化《おんだんか》による破壊という、あと二つのタイプが設定されていますが、ここでは省略します）。それが「保存」と「保全」なのです。生態学者の吉田正人《よしだまさひと》は、英語の頭文字《かしらもじ》をとって、それぞれを「P型」の自然保護、「C型」の自然保護と呼んでいます。

（吉永明弘《よしながあきひろ》「はじめて学ぶ環境倫理《かんきょうりんり》

未来のために『しくみ』を問う」ちくまプリマー新書による）

〔注〕

環境倫理学《かんきょうりんりがく》――人間がどのように生きるべきかを、環境問題に関連させて研究する学問。

呈《てい》される――目の前に出されること。

内在的――もともとそのものの内部に備わっているさま。

陣営《じんえい》――対立する集団の一方。

傾向《けいこう》――そうなりやすいこと。
人間本位――判断や行動をするときに中心とする基準を人間におくこと。
乱獲《らんかく》――自然のものをむやみに取ること。
荒廃《こうはい》――荒《あ》れ果てた状態になること。
過疎化《かそか》――人口が極たんに少なくなること。

〈問題1〉「なぜ自然を守らなければならないのか」とありますが、この問いについて、筆者はどのような考えを持っていますか。五十五字以上六十五字以内で説明しなさい。

〈注意〉
答えは一ますめから書き、段落《だんらく》を変えてはいけません。
、や。や「などの記号もそれぞれ字数に数えます。

〈問題2〉「このように自然破壊に二つのタイプがある」とありますが、ここでいう二種類の自然破壊の違《ちが》いとはなんですか。五十字以上六十字以内で説明しなさい。

〈注意〉
答えは一ますめから書き、段落《だんらく》を変えてはいけません。
、や。や「などの記号もそれぞれ字数に数えます。

〈問題3〉「『C型』の自然保護」とありますが、このことを説明するのに、筆者は家屋と掃除《そうじ》の関係という身近な例を挙げています。そこから読み取れる態度は、学校生活においてリーダーとして目標を達成する上で、どのように生かせるでしょうか。掃除とは別の場面を具体的に挙げながら、四百六十字以上五百字以内であなたの考えを述べなさい。

〈注意〉
文章には段落《だんらく》をつけ、必ず二段落以上になるようにしなさい。
書き出しや段落を変えたときの空らんは字数に数えます。
、や。や「といった記号もそれぞれ字数に数えます。

適性検査Ⅱ

注　意

1　問題は **1** から **3** までで、１２ページにわたって印刷してあります。

2　検査時間は４５分で、終わりは**午前１１時１０分**です。

3　声を出して読んではいけません。

4　計算が必要なときは、この問題用紙の余白を利用しなさい。

5　答えは全て解答用紙に明確に記入し、**解答用紙だけを提出しなさい。**

6　答えを直すときは、きれいに消してから、新しい答えを書きなさい。

7　**受検番号**を解答用紙の決められたらんに記入しなさい。

東京都立立川国際中等教育学校

問題は次のページからです。

1　放課後、**太郎**《たろう》さんと**花子**さんは、教室で話をしています。

太　郎：今日の総合的な学習の時間に、**花子**さんの班《はん》は何をしていたのかな。
花　子：私《わたし》はプログラミングを学んで、タブレットの画面上でロボットを動かしてブロックを運ぶゲームを作ったよ。
太　郎：おもしろそうだね。やってみたいな。

花子さんは画面に映《うつ》し出された図（**図１**）を、**太郎**さんに見せました。

図１　映《うつ》し出された図

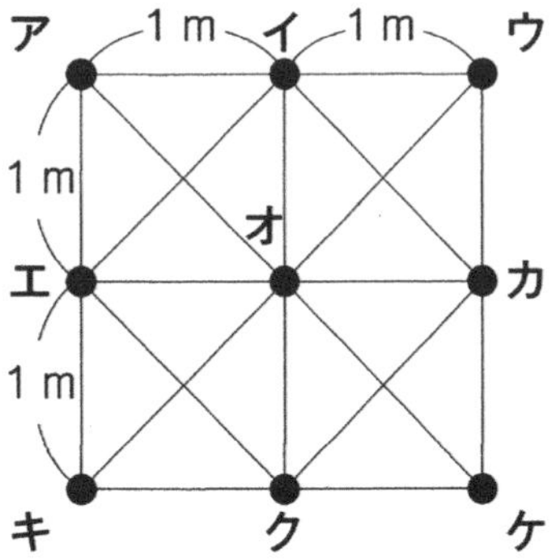

花　子：この画面で道順を設定すると、ロボットは黒い点から黒い点まで、線の上だけを動くことができるんだ。黒い点のところにブロックを置いておくと、ロボットがその黒い点を通ったときにブロックを運んでくれるんだ。運んだブロックをおろす場所も設定できるよ。設定できることをまとめてみるね。

〔設定できること〕
ロボットがスタートする位置
ブロックを置いていない黒い点から、スタートする。
ブロックを置く位置
ブロックは黒い点の上に、１個置くことができる。ロボットは、ブロックが置いてある黒い点を通ると、そこに置いてあるブロックを運びながら、設定した次の黒い点に進む。
倉庫（ロボットがブロックをおろす場所）の位置
ロボットが倉庫に行くと、そのとき運んでいるブロックを全て倉庫におろす。

太　郎：９個の黒い点のある位置は、それぞれ**ア**から**ケ**というんだね。
花　子：そうだよ。**ア**から**オ**に行く場合は**ア→オ**や、**ア→エ→オ**や、**ア→イ→ウ→オ**のように設定できるんだよ。
太　郎：四角形**アエオイ**、四角形**イオカウ**、四角形**エキクオ**、四角形**オクケカ**は正方形なのかな。
花　子：全て正方形だよ。**ア**から**イ**までや、**ア**から**エ**までは１ｍの長さに設定してあるよ。
太　郎：では、ブロックを置く位置と倉庫の位置を設定してみよう。
花　子：**図２**のように**イ**と**カ**と**キ**にブロックをそれぞれ１個ずつ置いて、**ケ**に倉庫の位置を設定してみたよ。それらの黒い点の上に、ブロックを置く位置と倉庫の位置が表示されるんだ。
太　郎：この３個のブロックを倉庫に運ぶために、どのようにロボットを動かせばよいかを考えよう。
花　子：ロボットの速さは分速１２ｍなのだけど、ブロックを運んでいるときはおそくなるよ。
太　郎：どのくらいおそくなるのかな。

花　子：運んでいるブロックの数によって、何も運んでいないときよりも、1m進むのにかかる時間が増えるんだ。でも、運んでいるブロックの数が変わらない限り、ロボットは一定の速さで動くよ。**表1**にまとめてみるね。

太　郎：ブロックを3個運んでいるときは、かなりおそくなるね。

花　子：とちゅうで倉庫に寄ると、そのとき運んでいるブロックを全て倉庫におろすことができるよ。

太　郎：最も短い時間で全てのブロックを運ぼう。スタートする位置も考えないとね。

花　子：まず、計算をして、全てのブロックを倉庫まで運ぶ時間を求めてみよう。

太　郎：1辺の長さが1mの正方形の対角線の長さは1．4mとして計算しよう。

花　子：私が考えたスタートする位置からロボットが動いて全てのブロックを倉庫に運ぶまでの時間を求めると、48．8秒になったよ。

太　郎：私の計算でも48．8秒だったよ。けれども、スタートする位置も道順も**花子**さんの考えたものとは、別のものだったよ。

図2　**花子**さんが設定した図

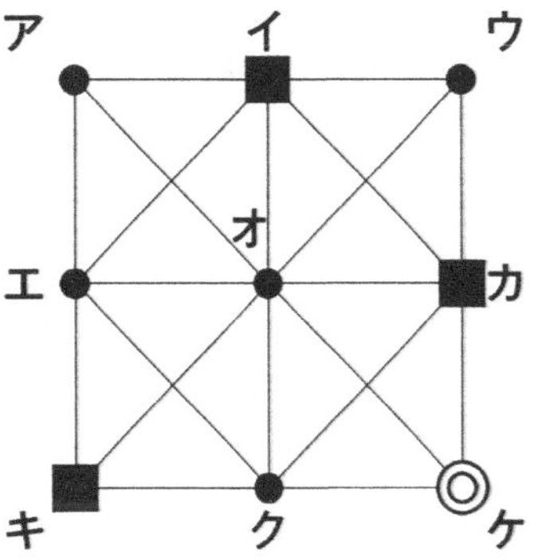

表1　何も運んでいないときよりも、1m進むのにかかる時間の増え方

運んでいるブロックの数	増える時間
1個	2秒増える
2個	5秒増える
3個	8秒増える

〔問題1〕 **図2**のように**太郎**さんと**花子**さんは**イ**と**カ**と**キ**にブロックを置く位置を、**ケ**に倉庫の位置を設定しました。48．8秒で全てのブロックを倉庫まで運ぶとき、スタートする位置と道順はどのようになっていますか。いくつか考えられるもののうちの一つを、**ア**～**ケ**の文字と**→**を使って答えなさい。また、48．8秒になることを式と文章で説明しなさい。ただし、ロボットは3個のブロックを倉庫に運び終えるまで止まることはありません。また、ブロックを集める時間や倉庫におろす時間、ロボットが向きを変える時間は考えないものとします。

花　子：**太郎**さんの班はプログラミングを学んで、何をしていたのかな。

太　郎：私はスイッチをおして、電球の明かりをつけたり消したりするプログラムを作ったよ。画面の中に電球とスイッチが映し出されて（**図3**）、1個のスイッチで1個以上の電球の明かりをつけることや消すことができるんだ。

花　子：おもしろそうだね。

太　郎：そうなんだよ。それでクイズを作っていたけれど、まだ完成していないんだ。手伝ってくれるかな。

花　子：いいよ、見せてくれるかな。

図3　映し出された図

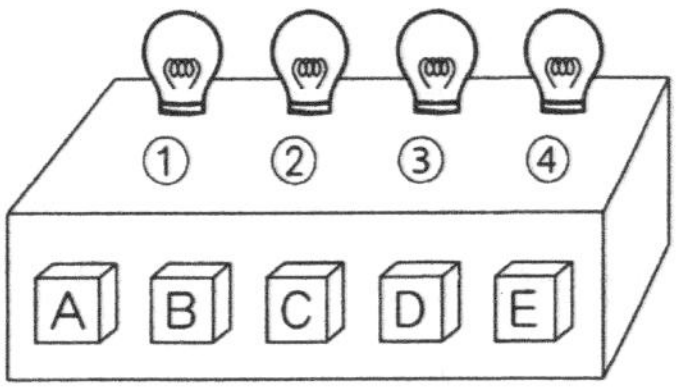

〔**太郎**さんが作っているクイズ〕

①～④の４個の電球と、Ａ～Ｅの５個のスイッチがあります。**全ての電球の明かりが消えている状態で、**Ａのスイッチをおすと、②と③の電球の明かりがつきました。次のヒントを読んで、全ての電球の明かりが消えている状態で、Ｂ～Ｅのスイッチはそれぞれどの電球の明かりをつけるかを答えなさい。

ヒント（あ）：全ての電球の明かりが消えている状態で、ＡとＢとＣのスイッチをおしたあと、明かりがついていたのは①と③の電球であった。

ヒント（い）：全ての電球の明かりが消えている状態で、ＢとＣとＤのスイッチをおしたあと、明かりがついていたのは①と②と④の電球であった。

ヒント（う）：全ての電球の明かりが消えている状態で、ＡとＤとＥのスイッチをおしたあと、明かりがついていたのは①と④の電球であった。

花　子：Ａのスイッチは、②と③の電球の明かりをつけるスイッチなんだね。

太　郎：Ａのスイッチは、②と③の電球の明かりを消すこともあるよ。②と③の電球の明かりがついている状態で、Ａのスイッチをおすと、②と③の電球の明かりは消えるんだ。

花　子：①と④の電球の明かりがついている状態で、Ａのスイッチをおしても、①と④の電球の明かりはついたままなのかな。

太　郎：そうだよ。Ａのスイッチをおしても、①と④の電球の明かりは何も変化しないんだ。

花　子：Ａ以外にも、②の電球の明かりをつけたり消したりするスイッチがあるのかな。

太　郎：あるよ。だから、Ａのスイッチをおして②の電球の明かりがついたのに、ほかのスイッチをおすと②の電球の明かりを消してしまうこともあるんだ。

花　子：ヒントでは３個のスイッチをおしているけれど、おす順番によって結果は変わるのかな。

太　郎：どの順番でスイッチをおしても、結果は同じだよ。だから、順番は考えなくていいよ。

花　子：ここまで分かれば、クイズの答えが出そうだよ。

太　郎：ちょっと待って。このままではクイズの答えが全ては出せないと思うんだ。ヒントがあと１個必要ではないかな。

花　子：これまで分かったことを、表を使って考えてみるね。スイッチをおしたときに、電球の明かりがつく場合や消える場合には○、何も変化しない場合には×と書くよ。（**表２**）

表２　花子さんが書きこんだ表

	①の電球	②の電球	③の電球	④の電球
Ａのスイッチ	×	○	○	×
Ｂのスイッチ				
Ｃのスイッチ				
Ｄのスイッチ				
Ｅのスイッチ				

太　郎：Ａのスイッチのらんは全て書きこめたね。それでは、**ヒント（あ）**から考えてみようか。

花　子：**ヒント（あ）**を見ると、①の電球の明かりがついたね。でも①の電球のらんを見ると、Ａのスイッチは×だから、ＢとＣのスイッチのどちらか一方が○でもう一方が×になるね。

太　郎：つまり、AとBとCのスイッチの①の電球のらんは、次の**表3**のようになるね。

表3　①の電球について**太郎**《たろう》さんが示した表

	①の電球
Aのスイッチ	×
Bのスイッチ	○
Cのスイッチ	×

または

	①の電球
Aのスイッチ	×
Bのスイッチ	×
Cのスイッチ	○

花　子：次は、③の電球を考えてみよう。**ヒント（あ）**では、③の電球の明かりもついたね。

太　郎：③の電球のらんを見ると、Aのスイッチは○だから、BとCのスイッチは、次の**表4**のようになるね。

表4　③の電球について**太郎**さんが示した表

	③の電球
Aのスイッチ	○
Bのスイッチ	○
Cのスイッチ	○

または

	③の電球
Aのスイッチ	○
Bのスイッチ	×
Cのスイッチ	×

花　子：次は、**ヒント（い）**を見ると、①の電球の明かりがついたね。

太　郎：**ヒント（あ）**で、①の電球はBとCのスイッチのどちらか一方が○でもう一方が×になると分かったね。だから、Dのスイッチの①の電球のらんには×と書けるんだ。

花　子：さらに、**ヒント（う）**を見ると、①の電球の明かりがついたね。AとDのスイッチの①の電球のらんは×なので、Eのスイッチの①の電球のらんには○が書けるよ。（**表5**）

表5　**太郎**さんと**花子**さんがさらに書きこんだ表

	①の電球	②の電球	③の電球	④の電球
Aのスイッチ	×	○	○	×
Bのスイッチ				
Cのスイッチ				
Dのスイッチ	×			
Eのスイッチ	○			

太　郎：ほかの電球についても考えていくと、DとEのスイッチの②から④の電球のらんの○と×が全て書きこめるね。

花　子：でも、BとCのスイッチについては、○と×の組み合わせが何通りかできてしまうよ。

太　郎：やはり、ヒントがあと１個必要なんだ。**ヒント（え）**を次のようにしたら、○と×が一通りに決まって、表の全てのらんに○と×が書きこめたよ。

> **ヒント（え）**：全ての電球の明かりが消えている状態で、□と□と□のスイッチをおしたあと、明かりがついていたのは①と②の電球であった。

〔問題２〕　**表5**の全てのらんに○か×を書きこむための**ヒント（え）**として、どのようなものが考えられますか。解答用紙の**ヒント（え）**の□に、A～Eの中から異《こと》なる３個のアルファベットを書きなさい。また、**ヒント（あ）**～**ヒント（う）**と、あなたが考えた**ヒント（え）**をもとにして、解答用紙の**表5**の空いているらんに○か×を書きなさい。

2　**花子**さんと**太郎**《たろう》さんは、社会科の時間に産業について、**先生**と話をしています。

花　子：これまでの社会科の授業で、工業には、自動車工業、機械工業、食料品工業など、多様な種類があることを学びました。

太　郎：私《わたし》たちの生活は、さまざまな種類の工業と結び付いていましたね。

先　生：私たちの生活に結び付いているのは、工業だけではありませんよ。多くの産業と結び付いています。

花　子：工業のほかにどのような産業があるのでしょうか。

太　郎：たしかに気になりますね。おもしろそうなので、調べてみましょう。

花子さんと**太郎**さんは、産業について調べた後、**先生**と話をしています。

花　子：工業のほかにも、農業や小売業など、たくさんの産業があることが分かりました。同じ産業でも、農業と小売業では特徴《とくちょう》が異《こと》なりますが、何か分け方があるのでしょうか。

先　生：産業は大きく分けると、第１次産業、第２次産業、第３次産業の３種類に分類することができます。

太　郎：それらは、どのように分類されているのですか。

先　生：第１次産業は、自然に直接働きかけて食料などを得る産業で、農業、林業、漁業のことをいいます。第２次産業は、第１次産業で得られた原材料を使用して、生活に役立つように商品を製造したり、加工したりする産業で、工業などのことをいいます。第３次産業は、第１次産業や第２次産業に分類されない産業のことで、主に仕入れた商品を販売《はんばい》する小売業などの商業や、物を直接生産するのではなく、人の役に立つサービス業などのことをいいます。

花　子：大きく区分すると、三つの産業に分類されるのですね。では、日本の産業全体でどれくらいの人が働いているのでしょうか。

太　郎：働いている人のことを就業者《しゅうぎょうしゃ》といいます。日本の産業全体の就業者数を調べてみましょう。

花子さんと**太郎**さんは、日本の産業全体の就業者数について調べました。

花　子：産業全体の就業者数を３０年ごとに調べてみると、１９６０年は約４３７０万人、１９９０年は約６１３７万人、２０２０年は約５５８９万人でした。

太　郎：就業者数は１９６０年、１９９０年、２０２０年と変化しているのですね。それぞれの産業別では、どれくらいの人が働いているのでしょうか。

花　子：私は、第１次産業、第２次産業、第３次産業、それぞれの産業で働いている人の年齢《ねんれい》がどのように構成されているのかを知りたいです。

太　郎：では、今、三つに分類した産業別の就業者数を年齢層《ねんれいそう》ごとに調べ、一つの図にまとめてみましょう。

花子さんと**太郎**さんは、１９６０年、１９９０年、２０２０年における年齢層ごとの産業別の就業者数を調べ、年ごとにグラフ（**図１**）を作成しました。

1 解答用紙

適性検査Ⅰ

〔問題1〕 25点

55

65

〔問題2〕 25点

50

60

〔問題3〕 50点

100

受検番号

得点
※

※のらんには、記入しないこと
※100点満点

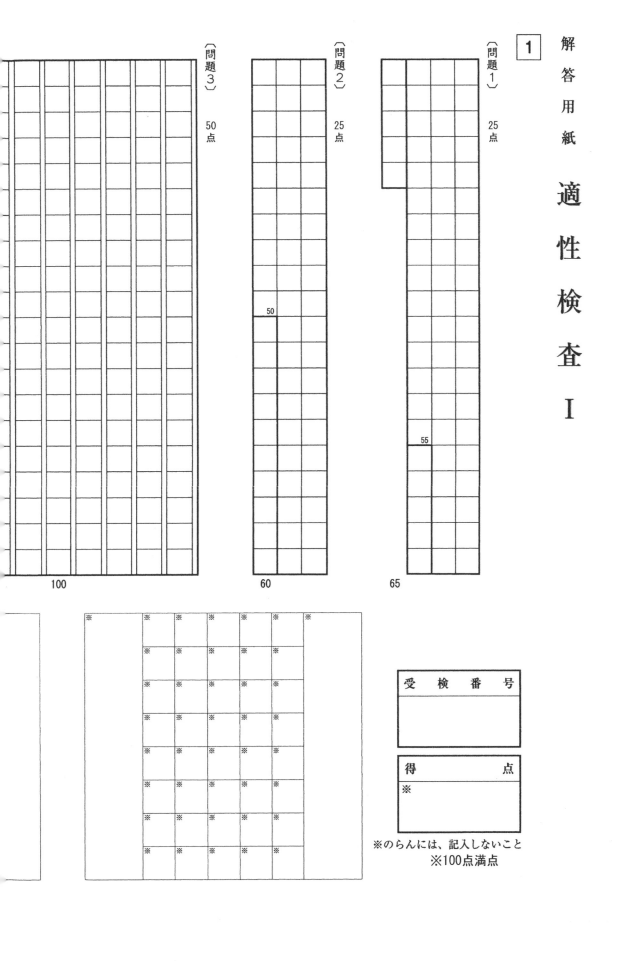

解答用紙　適性検査Ⅱ

※100点満点

受検番号

得点
※

※のらんには、記入しないこと

1

〔問題１〕　20点

〔道順〕

スタート　　　　　　　　　　　　　　　　　　倉庫

(　　　　)→　　　　　　　　　　　　　　　　→ケ

〔式と文章〕

※

〔問題２〕　20点

ヒント（え）：全ての電球の明かりが消えている状態で、

□と□と□のスイッチをおしたあと、

明かりがついていたのは①と②の電球であった。

表５　太郎《たろう》さんと**花子**さんがさらに書きこんだ表

	①の電球	②の電球	③の電球	④の電球
Ａのスイッチ	×	○	○	×
Ｂのスイッチ				
Ｃのスイッチ				
Ｄのスイッチ	×			
Ｅのスイッチ	○			

※

2

〔問題１〕　15点

（選んだ一つを○で囲みなさい。）

第２次産業　　　第３次産業

※

〔問題２〕　15点

（**図２**と**図３**から一つずつ選んで○で囲みなさい。）

図２：　①　②　③　　　**図３**：　④　⑤　⑥

〔農家の人たちの立場〕

〔農家以外の人たちの立場〕

※

3

〔問題１〕　14点

（1）
（2）

※

〔問題２〕　16点

（1）
（2）

※

（５　立川国際）

500　460　400　300　200

※のらんには、記入しないこと

※ ※ ※ ※ ※ ※

※ ※ ※ ※ ※ ※

図1　１９６０年、１９９０年、２０２０年における年齢層《ねんれいそう》ごとの産業別の就業者数《しゅうぎょうしゃすう》

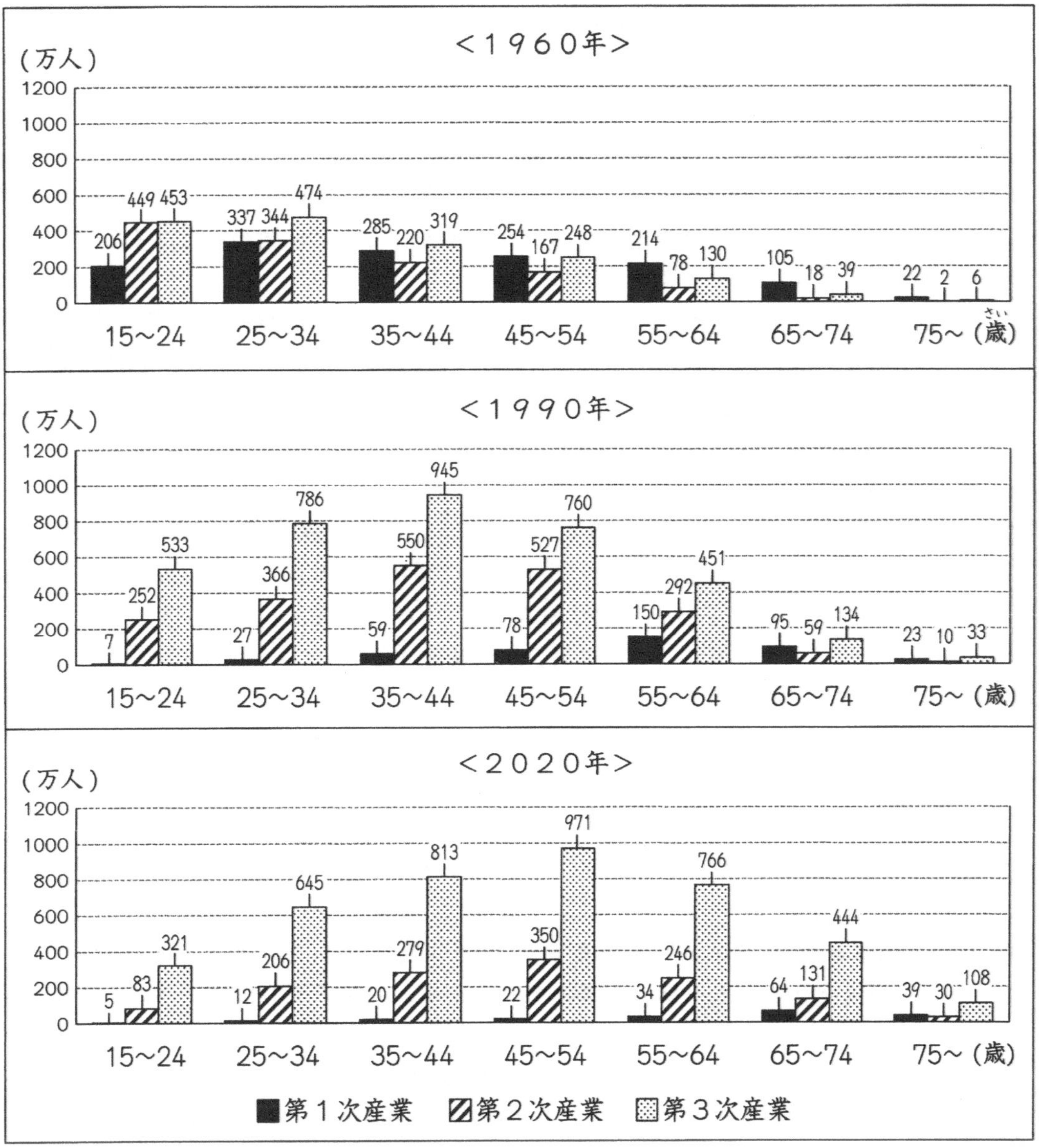

(国勢調査《こくせいちょうさ》より作成)

花　子： **図1**から、１９６０年、１９９０年、２０２０年で産業別の就業者数と就業者数の最も多い年齢層が変化していることが分かりますね。

太　郎： では、１９６０年、１９９０年、２０２０年を比べて、産業別の就業者数と就業者数の最も多い年齢層の変化の様子を読み取りましょう。

〔問題１〕　**太郎**さんは「１９６０年、１９９０年、２０２０年を比べて、産業別の就業者数と就業者数の最も多い年齢層の変化の様子を読み取りましょう。」と言っています。第２次産業、第３次産業のいずれか一つを選び、１９６０年、１９９０年、２０２０年における、産業別の就業者数と就業者数の最も多い年齢層がそれぞれどのように変化しているか、**図1**を参考にして説明しなさい。

太　郎：グラフを読み取ると、約６０年間の産業別の就業者数と年齢層ごとの就業者数の変化の様子がよく分かりましたね。

花　子：そうですね。ところで、第１次産業に就業している人が、自然に直接働きかけて食料などを得ること以外にも、取り組んでいる場合がありますよね。

太　郎：どういうことですか。

花　子：夏休みにりんご農園へ行ったとき、アップルパイの製造工場があったので見学しました。りんごの生産者がアップルパイを作ることに関わるだけでなく、完成したアップルパイを農園内のお店で販売していました。

先　生：たしかに、りんごを生産する第１次産業、そのりんごを原材料としたアップルパイの製造をする第２次産業、アップルパイの販売をする第３次産業と、同じ場所でそれぞれの産業の取り組みが全て見られますね。二人は、「６次産業化」という言葉を聞いたことはありますか。

太　郎：初めて聞きました。「６次産業化」とは何ですか。

先　生：「６次産業化」とは、第１次産業の生産者が、第２次産業である生産物の加工と、第３次産業である流通、販売、サービスに関わることによって、生産物の価値《かち》をさらに高めることを目指す取り組みです。「６次産業化」という言葉の「６」の数字は、第１次産業の「１」と第２次産業の「２」、そして第３次産業の「３」の全てを足し合わせたことが始まりです。

花　子：そうなのですね。生産物の価値を高めるのは、売り上げを増加させることが目的ですか。

先　生：第１次産業の生産者の売り上げを増加させ、収入《しゅうにゅう》を向上させることが目的です。

太　郎：つまり、「６次産業化」によって、売り上げが増加し、第１次産業の生産者の収入向上につながっているのですね。

先　生：農林水産省《のうりんすいさんしょう》のアンケート調査では、「６次産業化」を始める前と後を比べて、「６次産業化」に取り組んだ農家の約７割《わり》が、年間の売り上げが増えたと答えています。

花　子：どのような取り組みを行って、売り上げは増加したのでしょうか。私は夏休みにりんご農園へ行ったので、農業における「６次産業化」の取り組みをもっとくわしく調べてみたいです。

太　郎：では、「６次産業化」によって売り上げが増加した農家の事例について、調べてみましょう。

太郎さんと**花子**さんは農業における「６次産業化」の取り組み事例について調べて、**先生**に報告しました。

花　子：ゆず農家の取り組み事例がありました。

先　生：「６次産業化」の取り組みとして、ゆずの生産以外に、どのようなことをしているのですか。

太　郎：ゆずを加工して、ゆずポン酢《ず》などを生産し、販売しています。

先　生：売り上げを増加させるために、具体的にどのような取り組みを行っていましたか。

花　子：インターネットを用いて販売先を広げました。その結果、遠くに住んでいる人が、商品を購入《こうにゅう》することができるようになっています。また、地域《ちいき》の使われなくなっていた農地を活用することで、ゆずの生産を増加させています。使われなくなっていた農地を活用した結果、土地が荒《あ》れるのを防ぐことができ、地域の防災にも役立っています。

太　郎：農家の人たちだけでなく、消費者や地域の人たちなどの農家以外の人たちにとっても利点があるということが分かりました。他の農家の取り組みも調べてみたいです。

花　子：では、他の農家ではどのような取り組みをしているのか、調べてみましょう。

図2　**花子**さんが調べた「*養鶏《ようけい》農家」の取り組み事例

<table>
<tr><td>（生産部門）
卵《たまご》</td><td>（加工部門）
プリン、オムライスなど</td><td>（販売《はんばい》部門）
カフェとレストランでの提供《ていきょう》やインターネットを用いた通信販売</td></tr>
<tr><td colspan="3">＜具体的な取り組み＞
①カフェ事業を始めた結果、来客数が増加した。
②宿泊施設《しゅくはくしせつ》で宿泊者に対して、卵や地元の食材を活用した料理を提供している。
③飼育体験・お菓子《かし》作り体験・カフェ店員体験などを実施《じっし》している。</td></tr>
</table>

＊養鶏《ようけい》：卵《たまご》や肉をとるためにニワトリを飼うこと。

（農林水産省《のうりんすいさんしょう》ホームページなどより作成）

図3　**太郎《たろう》**さんが調べた「しいたけ農家」の取り組み事例

<table>
<tr><td>（生産部門）
しいたけ</td><td>（加工部門）
しいたけスープなど</td><td>（販売《はんばい》部門）
レストランでの提供《ていきょう》やインターネットを用いた通信販売</td></tr>
<tr><td colspan="3">＜具体的な取り組み＞
④色や形が不揃《ふぞろ》いで出荷《しゅっか》できず、捨《す》てていたしいたけを加工し、新たな商品やレストランのメニューなどを開発し、提供している。
⑤しいたけの加工工場見学などの新しい観光ルートを提案した結果、旅行客が増えた。
⑥地元の会社と協力して加工商品を開発し、販売している。</td></tr>
</table>

（農林水産省《のうりんすいさんしょう》ホームページなどより作成）

太　郎：さまざまな「6次産業化」の取り組みが、行われていることが分かりました。

花　子：「6次産業化」には、さまざまな利点があるのですね。

太　郎：そうですね。「6次産業化」は、これからの第1次産業を発展《はってん》させていく上で、参考になるかもしれませんね。

〔問題2〕　**花子**さんは「「6次産業化」には、さまざまな利点があるのですね。」と言っています。**図2**の①～③、**図3**の④～⑥の＜具体的な取り組み＞の中から一つずつ取り組みを選び、それらに共通する利点を答えなさい。なお、農家の人たちの立場と農家以外の人たちの立場から考え、それぞれ説明すること。

3　**花子**さんと**太郎**《たろう》さんが水滴《すいてき》について話をしています。

花　子：雨が降《ふ》った後、いろいろな種類の植物の葉に水滴がついていたよ。
太　郎：植物の種類によって、葉の上についていた水滴の形がちがったよ。なぜなのかな。
花　子：葉の形や面積と関係があるのかな。調べてみよう。

二人は、次のような**実験１**を行いました。

実験１

手順１　次の**ア**～**オ**の５種類の葉を、それぞれ１枚《まい》ずつ用意し、葉の形の写真をとる。
ア　アジサイ　**イ**　キンモクセイ　**ウ**　イチョウ　**エ**　ツバキ　**オ**　ブルーベリー

手順２　１枚の葉の面積を、**図１**のように方眼用紙を用いて求める。

手順３　それぞれの葉の表側に、約５cmの高さからスポイトで水を４滴《てき》分たらす。そして、葉についた水滴を横から写真にとる。

図１　方眼用紙と葉

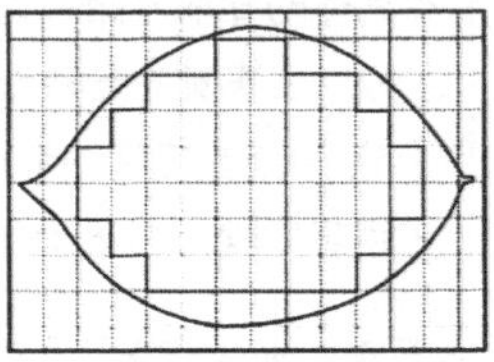

実験１の記録は、**表１**のようになりました。

表１　実験１の記録

	ア	**イ**	**ウ**	**エ**	**オ**
葉の形					
葉の面積（cm^2）	１１１	２２	３６	１８	１７
水滴《すいてき》の写真	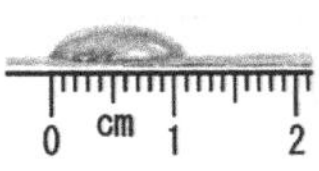	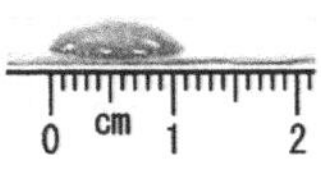	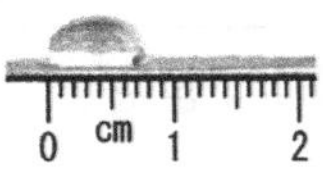	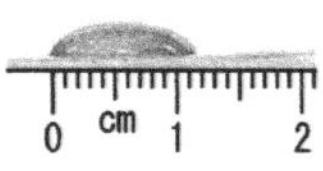	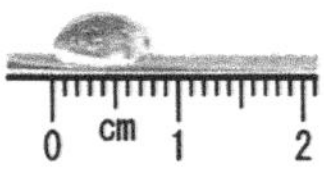

太　郎：**ア**～**オ**の中に、葉を少しかたむけると、水滴が転がりやすい葉と水滴が転がりにくい葉があったよ。
花　子：葉の上で水滴が転がりやすいと、葉から水が落ちやすいのかな。
太　郎：それを調べるために、葉の表側を水につけてから引き上げ、どれだけの量の水が葉についたままなのか調べてみよう。
花　子：葉についたままの水の量が分かりやすいように、葉は１０枚使うことにしましょう。

二人は、次のような**実験２**を行いました。

実験２

手順１　**実験１**の**ア**～**オ**の葉を、新しく１０枚ずつ用意し、１０枚の葉の重さをはかる。

手順２　**図２**のように、手順１で用意した葉の表側を１枚ずつ、容器に入った水につけてから引き上げ、水につけた後の１０枚の葉の重さをはかる。

手順３　手順１と手順２ではかった重さから、１０枚の葉についたままの水の量を求める。

図２　葉と水

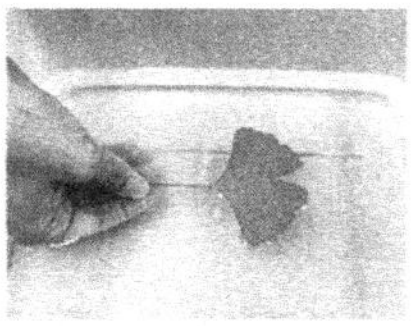

１０枚の葉についたままの水の量は、**表２**のようになりました。

表２　１０枚《まい》の葉についたままの水の量

	ア	**イ**	**ウ**	**エ**	**オ**
１０枚の葉についたままの水の量（ｇ）	１１．６	２．１	０．６	１．８	０．４

太　郎：**表２**の１０枚の葉についたままの水の量を、少ないものから並《なら》べると、**オ**、**ウ**、**エ**、**イ**、**ア**の順になるね。だから、この順番で水滴が転がりやすいのかな。

花　子：**表１**の葉の面積についても考える必要があると思うよ。**表２**の１０枚の葉についたままの水の量を**表１**の葉の面積で割《わ》った値《あたい》は、**ア**と**イ**と**エ**では約０．１になり、**ウ**と**オ**では約０．０２になったよ。

太　郎：**表１**の水滴の写真から分かることもあるかもしれないね。

〔問題１〕（１）　**表１**と**表２**と会話文をもとに、水滴《すいてき》が転がりやすい葉１枚《まい》と水滴が転がりにくい葉１枚を選びます。もし**ア**の葉を選んだとすると、もう１枚はどの葉を選ぶとよいですか。**イ**、**ウ**、**エ**、**オ**の中から一つ記号で答えなさい。

（２）　**花子**さんは、「**表２**の１０枚の葉についたままの水の量を**表１**の葉の面積で割《わ》った値《あたい》は、**ア**と**イ**と**エ**では約０．１になり、**ウ**と**オ**では約０．０２になったよ。」と言いました。この発言と**表１**の水滴の写真をふまえて、水滴が転がりやすい葉か転がりにくい葉か、そのちがいをあなたはどのように判断したか説明しなさい。

太　郎：葉についた水滴《すいてき》について調べたけれど、汗《あせ》が水滴のようになることもあるね。

花　子：汗をかいた後、しばらくたつと、汗の水分はどこへいくのかな。

太　郎：服に吸収《きゅうしゅう》されると思うよ。ここにある木綿《もめん》でできたＴシャツとポリエステルでできたＴシャツを使って、それぞれの布について調べてみよう。

二人は、次のような**実験３**を行いました。

実験３

手順１　木綿でできたＴシャツとポリエステルでできたＴシャツから、同じ面積にした木綿の布３０枚《まい》とポリエステルの布３０枚を用意し、重さをはかる。水の中に入れ、引き上げてからそれぞれ重さをはかり、増えた重さを求める。

手順２　新たに手順１の布を用意し、スタンプ台の上に布を押《お》しあてて黒色のインクをつける。次に、インクをつけた布を紙の上に押しあてて、その紙を観察する。

手順３　新たに手順１の木綿の布３０枚とポリエステルの布３０枚を用意し、それぞれ平らに積み重ねて横から写真をとる。次に、それぞれに２kgのおもりをのせて、横から写真をとる。

実験３は、**表３**と**図３**、**図４**のようになりました。

表３　手順１の結果

	木綿《もめん》の布	ポリエステルの布
増えた重さ（g）	１４．１	２４．９

図３　手順２で観察した紙

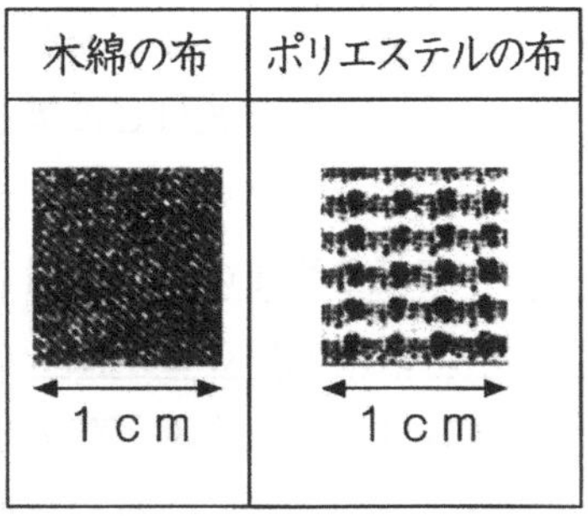

図４　手順３で布を積み重ねて横からとった写真

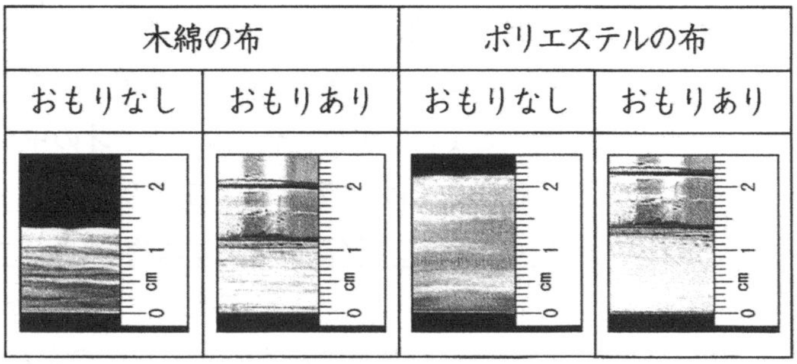

花　子：汗の水分は服に吸収されるだけではなく、蒸発《じょうはつ》もすると思うよ。

太　郎：水を通さないプラスチックの箱を使って、調べてみよう。

二人は、次のような**実験４**を行いました。

実験4

手順1　同じ布でできたシャツを３枚用意し、それぞれ水１５０ｇを吸収させ、プラスチックの箱の上にかぶせる。そして、箱とシャツの合計の重さをそれぞれはかる。

手順2　手順１のシャツとは別に、木綿でできたTシャツとポリエステルでできたTシャツを用意し、それぞれ重さをはかる。そして、**図5**のように、次の**カ**と**キ**と**ク**の状態をつくる。

図5　**カ**と**キ**と**ク**の状態

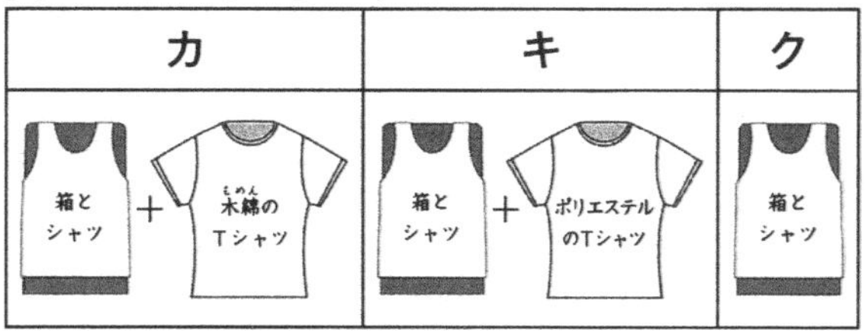

カ　箱とシャツの上に、木綿のTシャツをかぶせた状態

キ　箱とシャツの上に、ポリエステルのTシャツをかぶせた状態

ク　箱とシャツの上に何もかぶせない状態

手順3　手順2の**カ**と**キ**については、６０分後にそれぞれのTシャツだけを取って、箱とシャツの合計の重さとTシャツの重さをそれぞれはかる。手順2の**ク**については、６０分後に箱とシャツの合計の重さをはかる。

実験4の結果は、**表4**のようになりました。

表4　箱とシャツの合計の重さとTシャツの重さ

	カ		**キ**		**ク**
	箱とシャツ	Tシャツ	箱とシャツ	Tシャツ	箱とシャツ
はじめの重さ　（ｇ）	1648.3	177.4	1648.3	131.5	1648.3
６０分後の重さ（ｇ）	1611	189.8	1602.4	150.3	1625.2

花　子：表4から、６０分たつと、箱とシャツの合計の重さは、**カ**では３７．３ｇ、**キ**では４５．９ｇ、**ク**では２３．１ｇ、それぞれ変化しているね。

太　郎：Tシャツの重さは、**カ**では１２．４ｇ、**キ**では１８．８ｇ、それぞれ変化しているよ。

〔問題2〕（1）**実験3**で用いたポリエステルの布の方が**実験3**で用いた木綿《もめん》の布に比べて水をより多く吸収《きゅうしゅう》するのはなぜですか。**図3**から考えられることと**図4**から考えられることをふまえて、説明しなさい。

（2）**実験4**の手順2の**カ**と**キ**と**ク**の中で、はじめから６０分後までの間に、箱とシャツの合計の重さが最も変化しているのは、**表4**から**キ**であると分かります。蒸発《じょうはつ》した水の量の求め方を説明し、**キ**が最も変化する理由を答えなさい。

適性検査Ⅰ

注意

1 問題は 1 のみで、3ページにわたって印刷してあります。
2 検査時間は**四十五分**で、終わりは**午前九時四十五分**です。
3 声を出して読んではいけません。
4 答えは全て解答用紙に明確に記入し、**解答用紙だけを提出しなさい。**
5 答えを直すときは、きれいに消してから、新しい答えを書きなさい。
6 **受検番号**を解答用紙の決められたらんに記入しなさい。

東京都立立川国際中等教育学校

④

1 次の文章を読み、あとの問題に答えなさい。
（＊印のついている言葉には本文のあとに〔注〕があります。）

思考を深めるには、まず文章にしてみるとよいと言われる。それは＊一理ある。私《わたし》は、心理学者として＊カウンセリングもしてきたが、カウンセリングが効果をもつのも、じっくり耳を傾《かたむ》けてくれる聴《き》き手を前に、思い浮《う》かぶことを語っていくうちに気づきが得られ、これまでと違《ちが》った構図のもとに自分の経験や思いを検討《けんとう》できるようになるからである。

それと同様に、日記を＊綴《つづ》るように自分の思うことを書いていくことで気づきが得られる。自分の内面に渦巻《うずま》くモヤモヤした思いを文章にすることで、心の中が整理されていく。言葉にするということは、言葉を用いてモヤモヤした頭の中を整理することに等しい。

私たちは、自分の心の中で経験していることをそのまま取り出して理解することはできない。経験そのものが＊言語構造をもっているわけではないからだ。

何だかわからないけれども、心の中がざわついて落ち着かない。なぜかイライラしてしようがない。何だろう、この物足りなさは。何だろう、この焦《あせ》ってる感じは。そんなふうに、言葉にならない＊衝動的《しょうどうてき》なもの、感情的なものが、自分の中に渦巻いているのを感じることがある。

そのようなモヤモヤした心の内をだれかに伝えるには、それを言葉ですくい取らなければならない。言葉にしない限り、そうした経験について人に語ることができない。自分の思いを書いたり語ったりすることが大事だというのは、それが自分の過去の経験や現在進行中の経験を整理することにつながるからだ。

自分の内面で起こっていることを書いたり語ったりすることは、まだ意味をもたない解釈《かいしゃく》以前の経験に対して、書いたり語ったりすることのできる意味を与《あた》えていくことだと言ってよい。それによって経験が整理されていく。

その際、＊語彙《ごい》が乏《とぼ》しいと、内面をうまく言語化することができず、なかなか頭の中が整理できない。つまり、思考が深まらない。内面のモヤモヤを言語化して思考を深めるには、語彙の豊かさが求められる。そうなると、本を読まない者が増えているという最近の風潮《ふうちょう》は、危機《きき》的と言ってよいだろう。

思考を深めるのに読書が役立つというのは、語彙が豊かになるという意味だけではない。自分自身を見つめる機会になるという意味もある。

本を読むことを情報収集《しゅうしゅう》と位置づけている人は、自分のしていることに今すぐ直接役立つ情報のみを求めて実用書ばかりを読む＊傾向《けいこう》がある。＊実学志向が強まっている今どきの学生にもそうした傾向がみられる。だが、それでは思考は深まっていかない。

本を読むことの意味は、けっして情報収集のためというだけではない。本を読んでいると、自分の記憶《きおく》の中に眠《ねむ》っているさまざまな素材が活性化され、ふだん意識していなかった記憶の断片《だんぺん》が浮かび上がり、それをきっかけにいろいろなことが連想によって引き出されてくる。「そういえば、あんなことがあった」「こういう思いになったことがある気がする」「同じようなことを考えたことがあったなあ」「あれはいつのことだったかなあ」「自分も似たような状況《じょうきょう》に陥《おちい》ったことがあったな」などといった思いが頭の中を駆《か》けめぐる。

このように、本を読むことは、自分を見つめ直すきっかけになる。本を読むことで、日頃《ひごろ》忘《わす》れていた自分と出会うことができる。書かれている文章に刺激《しげき》されて、長らく意識にのぼることがなかったいろんな時期の自分に触《ふ》れることができる。

本を読まずにいると、そうした自分に触れる機会をもつことがないまま日常が過ぎていき、自分を見失うことになってしまう。

本を読むことには、自分自身に出会うという効用のみならず、異質《いしつ》な知識やものの見方・考え方に出会うという効用もある。

ネットの世界では、何かを検索《けんさく》すると、関連する情報が自動的に選別されて出てくるし、使用者の*履歴《りれき》をもとに関心をもちそうな情報が選び出されて表示される。また、興味のある見出ししかクリックしないため、出会う情報が非常に偏《かたよ》ったものになってしまう。自分の考えに対する*反証になるような情報にはあえて目を向けようとしない。興味のない情報や意見にはわざわざ目を向けることがない。

そのため、異質なものの見方・考え方に触れる機会がなく、自分のものの見方・考え方に凝《こ》り固まってしまいがちだ。ネット上で喧嘩《けんか》のような*誹謗中傷《ひぼうちゅうしょう》が目立つのも、自分と違うものの見方・考え方を理解できないし、理解しようという心構えもないからだろう。いわゆる自己中心性《じこちゅうしんせい》からの脱却《だっきゃく》ができていない。

心の世界を広げ、異質な他者に対する*寛容《かんよう》な態度を身につけるという意味でも、読書によっていろんなものの見方・考え方に触れるのは大切なことである。

さらには、いろんな視点《してん》を自分の中に取り込《こ》むことで、物事を多角的にみることができ、深くじっくりと考えることができるようになる。

そうした読書の効用を活《い》かすには、関心の幅《はば》を狭《せば》めずに、あえていろんな領域《りょういき》の本を読むように心がけるのがよい。その意味でも、家庭や学校では、さまざまな領域の本を揃《そろ》える工夫《くふう》が必要である。

（榎本博明《えのもとひろあき》「読書をする子は○○がすごい」による）

〔注〕 一理 ―― 考えによっては、なるほどと思えるところ。

カウンセリング ―― なやみをもつ人に対し、それを解決するための助けになる言葉をあたえる活動。

綴《つづ》る ―― 文や詩を作る。

言語構造 ―― ここでは、「言葉としての形」のこと。

衝動的《しょうどうてき》 ―― 突然《とつぜん》あることをしたくなって、理性ではどうにもならないような心の動き。

語彙《ごい》――ここでは、「その人の知っている語の全体」のこと。

傾向《けいこう》――ものごとがある方向にかたむいている様子。

実学志向――現実の生活に役立つ学問に心がひかれて目指そうとすること。

履歴《りれき》――現在までの記録。

反証――反対であることを示す証拠《しょうこ》。

誹謗中傷《ひぼうちゅうしょう》――不当に人のことを悪く言って名誉《めいよ》を傷《きず》つけること。

脱却《だっきゃく》――前の様子や状態からぬけだすこと。

寛容《かんよう》――心が広く、よく受け入れること。

〔問題1〕「自分の思いを書いたり語ったりすることが大事だ」とあるが、筆者がそのように言うのは、どのように考えているからですか。三十五字以上四十五字以内で説明しなさい。

〔問題2〕「自分自身に出会う」とはどういうことですか。七十字以上八十字以内で説明しなさい。

〔問題3〕「そうした読書の効用を活《い》かすには、関心の幅《はば》を狭《せば》めずに、あえていろんな領域《りょういき》の本を読むように心がけるのがよい」とあるが、それはなぜだと説明していますか。また、このような読書に対する筆者の考えは、本校の学校生活のどのような場面で生かせると考えますか。読書以外のことについて具体的にあげながら、三百六十字以上四百字以内で述べなさい。

《注意》
段落《だんらく》をかえたときの残りのますめは字数として数えます。
ただし、〔問題1〕・〔問題2〕は、一ますめから書き、段落をかえてはいけません。
、や。や「なども、それぞれ字数に数えます。

適性検査Ⅱ

注　　意

1　問題は **1** から **3** までで、**１２ページ**にわたって印刷してあります。

2　検査時間は**４５分**で、終わりは**午前１１時１０分**です。

3　声を出して読んではいけません。

4　計算が必要なときは、この問題用紙の余白を利用しなさい。

5　答えは全て解答用紙に明確に記入し、**解答用紙だけを提出しなさい。**

6　答えを直すときは、きれいに消してから、新しい答えを書きなさい。

7　**受検番号**を解答用紙の決められたらんに記入しなさい。

東京都立立川国際中等教育学校

問題は次のページからです。

1　来週はクラス内でお楽しみ会をします。係である**花子**さんと**太郎**《たろう》さんは、お楽しみ会で渡《わた》すプレゼントの準備をしています。

花　子：プレゼントのお花のかざりができたよ。
太　郎：すてきだね。次は何を作ろうか。
花　子：モールで図形を作って、それを台紙にはったカードをいくつか作ろうよ。
太　郎：いいアイデアだね。カードのデザインはどうしようか。
花　子：わくわくするものがいいね。
太　郎：それならロケットはどうかな。デザインを考えてみるよ。

太郎さんは、**図1**のようなカードのデザインを考えました。花子さんと太郎さんは、モールを使って、**図2**のような図形を作り、それらを組み合わせて台紙にはり、**図3**のようなロケットのカードを作ることにしました。

図1　カードのデザイン

図2

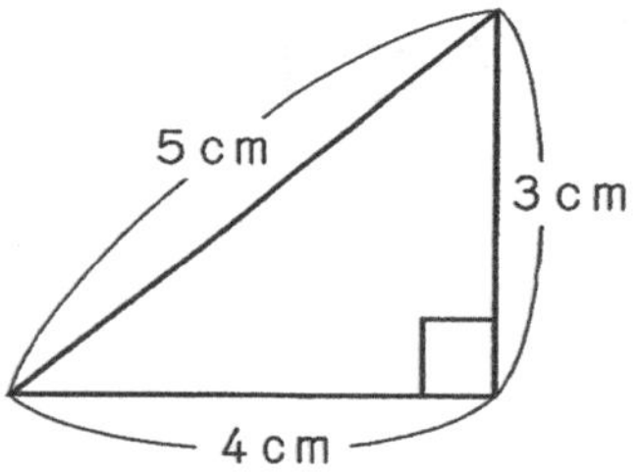

直角三角形

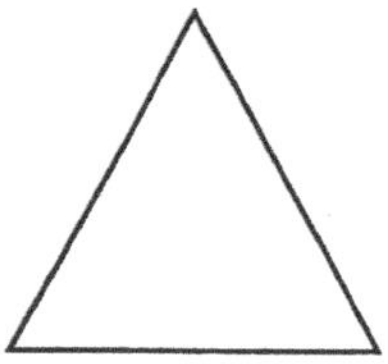

正三角形（1辺3ｃｍ）

円（直径3ｃｍ）

図3　カードのイメージ

花　子：１ｍの長さのモールが６本あるね。

太　郎：私《わたし》は１本のモールを切って、直角三角形を作るよ。

花　子：できるだけ多く作ってね。

太　郎：直角三角形が８個作れたよ。箱に入れておくね。

花　子：私は別の１本のモールを切って、正三角形をできるだけ多く作ったよ。できた正三角形も同じ箱に入れておくね。

太　郎：次は、円をできるだけ多く作ってみようかな。

花　子：でも１枚《まい》のカードを作るのに、円は１個しか使わないよ。

太　郎：それなら１本のモールから、直角三角形と正三角形と円を作ってみようかな。それぞれ３個ずつ作れそうだね。

花　子：それぞれ３個ずつ作る切り方だとモールの余りがもったいないよ。できるだけ余りの長さが短くなるような切り方にしよう。

太　郎：そうだね。残りのモール４本を切る前に、カードは何枚作れるか考えよう。

〔問題１〕　１ｍのモールが４本と箱の中の図形があります。４本のモールで**図２**の直角三角形と正三角形と円を作り、箱の中の図形と組み合わせて**図３**のカードを作ります。モールの余りをつなげて図形を作ることはできないこととします。できるだけ多く**図３**のカードを作るとき、以下の問いに答えなさい。

　ただし、円周率は３．１４とし、モールの太さは考えないこととします。

（１）　４本のモールの余りの長さの合計を求めなさい。

（２）　箱の中の図形のほかに、直角三角形と正三角形と円はそれぞれ何個ずつ必要か求めなさい。そのとき、それぞれのモールからどの図形を何個ずつ切るか、文章で説明しなさい。

花子さんと太郎さんは、お花のかざりや**図３**のロケットのカードをふくめて６種類のプレゼントを作りました。

花　子：プレゼントをどのように選んでもらおうか。

太　郎：６種類あるから、さいころを使って決めてもらったらどうかな。

花　子：それはいいね。でも、さいころは別のゲームでも使うから、ちがう立体を使おうよ。

太　郎：正三角形を６個組み合わせてみたら、こんな立体ができたよ。それぞれの面に数字を書いてみるね。

太郎さんは**図４**のような立体を画用紙で作り、**１**から**６**までの数字をそれぞれの面に１個ずつ書きました。

図４　３方向から見た立体

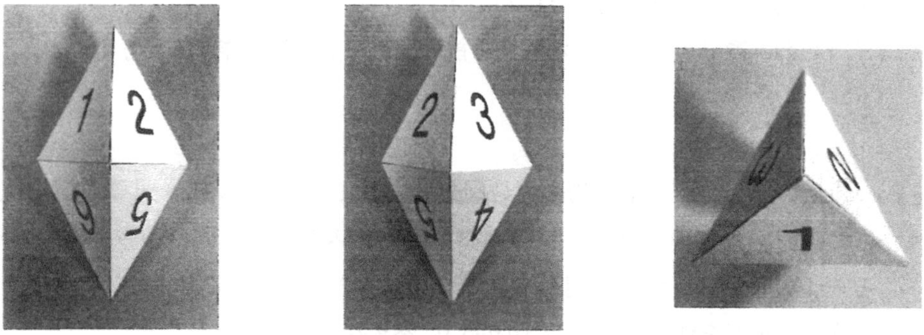

花　子：この立体を机《つくえ》の上で転がしてみよう。

太　郎：机に接する面は一つに決まるね。

花　子：転がし方が分かるように、画用紙に立体の面と同じ大きさの正三角形のマスをたくさん書いて、その上を転がしてみよう。

太郎さんは画用紙に**図５**のような正三角形のマスを書き、**図４**の立体の面が正三角形のマスと接するように置きました。置いた面の正三角形の１辺が動かないように立体を転がしてみると、あることに気づきました。

図５

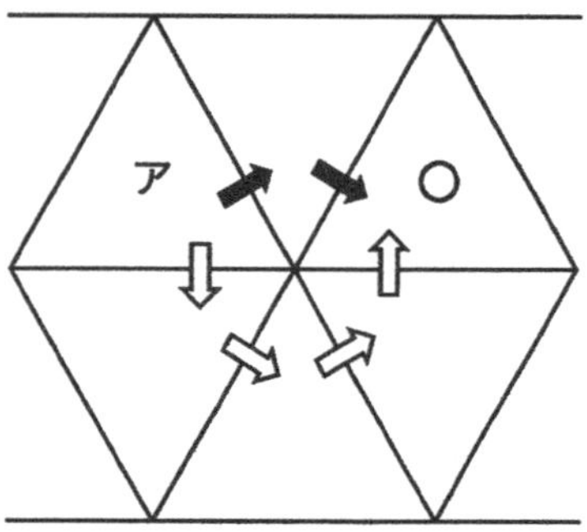

➡ は花子さんの転がし方

⇨ は太郎さんの転がし方

太　郎：立体の**１**の面が、**ア**のマスに数字と文字が同じ向きで接するように置いたよ。転がして**ア**から○のマスまで移動させてみよう。

花　子：私は２回転《ころ》がして○のマスまで移動させたよ。○のマスに接する面が**４**になったよ。

太　郎：私は４回転《ころ》がして移動させてみたけど、○のマスに接する面は**４**ではなかったよ。

花　子：転がし方を変えると同じマスへの移動でも、接する面の数字が変わるんだね。

太郎さんは画用紙に**図6**のような正三角形のマスを書きました。花子さんと太郎さんは、**図4**の立体を**イ**のマスから●のマスまでどのように転がすことができるか考えました。

図6

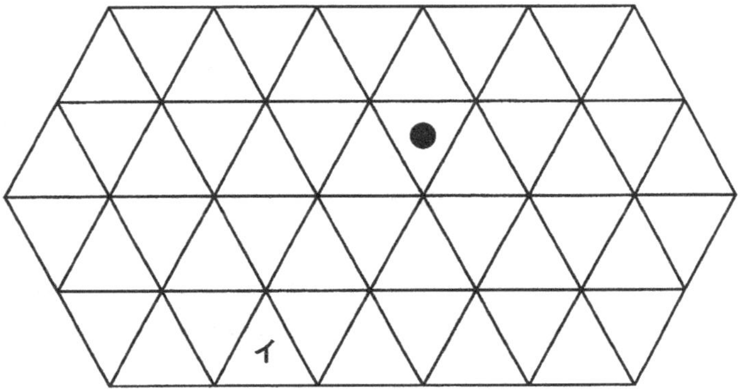

花　子：転がしているとき、一つ前のマスにはもどれないことにしよう。

太　郎：５回転《ころ》がすと、**イ**のマスから●のマスまで移動させることができたよ。

花　子：でも６回転《ころ》がして、**イ**のマスから●のマスまで移動させることはできなかったよ。

太　郎：けれど７回転《ころ》がしたら、**イ**のマスから●のマスまで移動させることができたよ。

花　子：５回の転がし方は１通りだけど、７回の転がし方は何通りかあるね。

太　郎：７回転《ころ》がしたら、●のマスに接する面の数字も何種類かありそうだから、●のマスに接する面の数字に応じて、プレゼントを決められるね。

花　子：でも、**イ**のマスに**1**の面を置いたとき、どのように転がしても●のマスに接しない面があるね。

太　郎：全ての面が●のマスに接するようにするには、くふうが必要だね。

〔問題２〕 **図4**の立体の**1**の面を、**図6**の**イ**のマスに数字と文字が同じ向きで接するように置きます。**図4**の立体を７回転《ころ》がして、**イ**のマスから●のマスまで移動させます。ただし、転がしているとき、一つ前のマスにはもどれないこととします。以下の問いに答えなさい。

（１）　転がし方はいくつかありますが、そのうちの１通りについて、マスに接する面の数字を順に書きなさい。

（２）　**図4**の立体を７回転《ころ》がして、**イ**のマスから●のマスまで移動させたときに、●のマスに接する面の数字を全て書きなさい。

2　花子さんと太郎《たろう》さんは、休み時間に、給食の献立表《こんだてひょう》を見ながら話をしています。

花　子：今日の給食は何だろう。
太　郎：いわしのつみれ汁《じる》だよ。千葉県の郷土料理《きょうどりょうり》だね。郷土料理とは、それぞれの地域《ちいき》で、昔から親しまれてきた料理のことだと書いてあるよ。
花　子：千葉県の海沿《うみぞ》いでは、魚を使った郷土料理が食べられているんだね。日本は周囲を海に囲まれている国だから、他の地域でも、魚を使った郷土料理が食べられてきたのかな。
太　郎：そうかもしれないね。でも、毎日魚がとれたわけではないだろうし、大量にとれた日もあるだろうから、魚を保存《ほぞん》する必要があっただろうね。
花　子：それに、今とちがって冷蔵庫《れいぞうこ》や冷凍庫《れいとうこ》がなかったから、魚を保存するのに大変苦労したのではないかな。
太　郎：次の家庭科の時間に、日本の伝統的な食文化を調べることになっているから、さまざまな地域で、昔から親しまれてきた魚を使った料理と保存方法を調べてみよう。

花子さんと太郎さんは、家庭科の時間に、三つの地域の魚を使った料理と保存方法を調べ、**図1**にまとめました。

図1　花子さんと太郎《たろう》さんが調べた魚を使った料理と保存《ほぞん》方法の資料

①北海道小樽《おたる》市　料理名：サケのルイベ	
 サケのルイベ  サケ	材　料：サケ 保存方法：内臓《ないぞう》をとり除《のぞ》いたサケを、切り身にして雪にうめた。サケを雪にうめて、こおらせることで、低い温度に保ち、傷《いた》みが進まないようにした。
②神奈川県小田原《おだわら》市　料理名：マアジのひもの	
 マアジのひもの  マアジ	材　料：マアジ 保存方法：地元でとれるマアジを開き、空気がかわいた時期に、日光に当てて干《ほ》した。マアジを干すことで水分が少なくなり、傷みが進まないようにした。
③石川県金沢《かなざわ》市　料理名：ブリのかぶらずし	
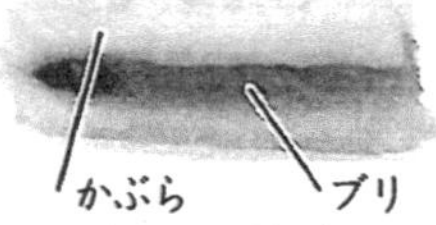 ブリのかぶらずし  ブリ	材　料：ブリ、かぶら（かぶ）、*1 甘酒《あまざけ》など 保存方法：かぶら（かぶ）でブリをはさみ、甘酒につけた。空気が冷たく、しめった時期に、甘酒につけることで*2 発酵《はっこう》をうながし、傷みが進まないようにした。 *の付いた言葉の説明 *1 甘酒《あまざけ》：米にこうじをまぜてつくる甘《あま》い飲み物。 *2 発酵《はっこう》：細菌《さいきん》などの働きで物質が変化すること。発酵は、気温0度以下では進みにくくなる。

（農林水産省《のうりんすいさんしょう》ホームページなどより作成）

1 解答用紙

適性検査Ⅰ

〔問題1〕 20点

35

45

〔問題2〕 30点

70

80

〔問題3〕 50点

100

受検番号

得点
※

※のらんには、記入しないこと

※100点満点

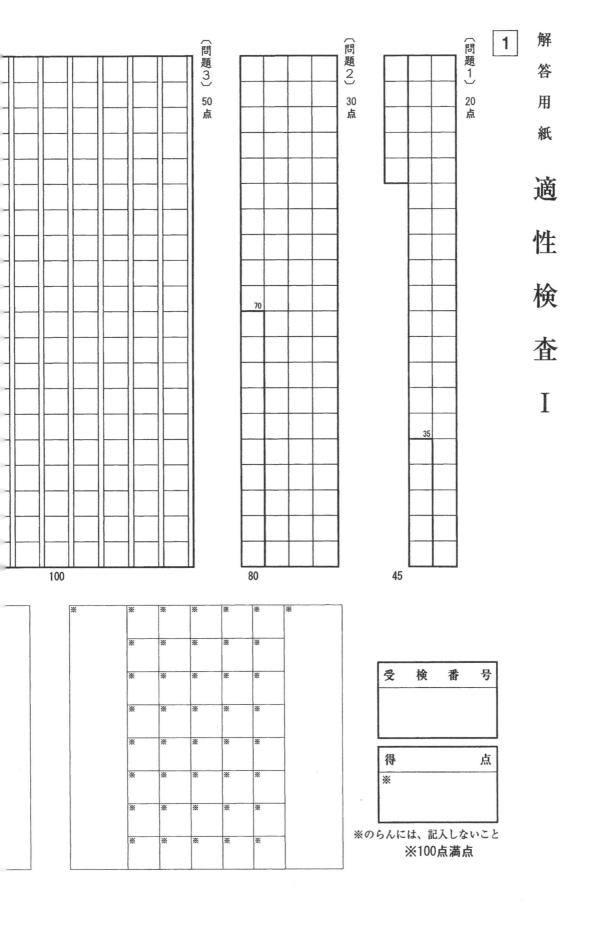

解答用紙　適性検査Ⅱ

※100点満点

受検番号	得点
	※

※のらんには、記入しないこと

1

〔問題１〕　20点

（１）	ｃｍ		
（２）	〔直角三角形〕 個	〔正三角形〕 個	〔円〕 個
	〔説明〕		

※

〔問題２〕　20点

（１）	イ 1 → □ → □ → □ → □ → □ → □ → □ ●
（２）	

※

2022(R4) 立川国際中等教育学校
K 教英出版

2

〔問題１〕 15点

〔サケのルイベ〕

〔マアジのひもの〕

〔ブリのかぶらずし〕

※

〔問題２〕 15点

（選んだ二つを◯で囲みなさい。）

米 ・ 小麦 ・ そば

※

3

〔問題１〕　14点

（1）〔選んだもの〕

〔理由〕

（2）

※

〔問題２〕　16点

（1）

（2）〔サラダ油が見えなくなるもの〕

〔洗剤《せんざい》〕　滴《てき》

※

400　360　300　200

※のらんには、記入しないこと

【解答用

花　子：どの料理に使われる魚も、冬に保存されているけれど、地域ごとに保存方法がちがうね。
太　郎：保存方法が異《こと》なるのは、地域の気候に関係しているからかな。
花　子：そうだね。では、**図1**の地域の気温と降水量《こうすいりょう》を調べてみよう。

花子さんと**太郎**さんは、**図1**の地域の月ごとの平均気温と降水量を調べました。

花　子：各地域の月ごとの平均気温と降水量をまとめてみると、**図2**のようになったよ。

図2　月ごとの平均気温と降水量《こうすいりょう》

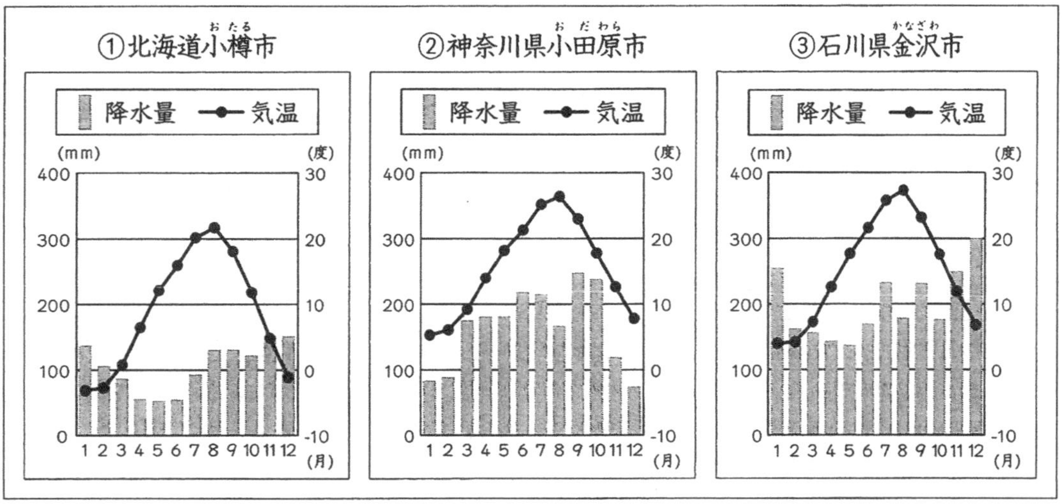

(気象庁《きしょうちょう》ホームページより作成)

太　郎：同じ月でも、地域によって平均気温や降水量がちがうし、同じ地域でも、月によって平均気温や降水量がちがうことが分かるね。
花　子：それぞれの地域で、月ごとの平均気温や降水量に適した保存方法が用いられているのだね。

〔問題1〕　花子さんは「それぞれの地域で、月ごとの平均気温や降水量に適した保存方法が用いられているのだね。」と言っています。**図1**の魚を使った料理は、それぞれどのような保存方法が用いられていますか。それらの保存方法が用いられている理由を、会話文を参考に、**図1**、**図2**と関連させて説明しなさい。

花子さんと**太郎**さんは、調べたことを**先生**に報告しました。

先　生：魚の保存方法と気温、降水量の関係についてよく調べましたね。

花　子：気温と降水量のちがいは、保存方法以外にも、郷土料理に影響《えいきょう》をあたえたのでしょうか。

先　生：では、次の資料を見てください。

図3　先生が示した地域《ちいき》

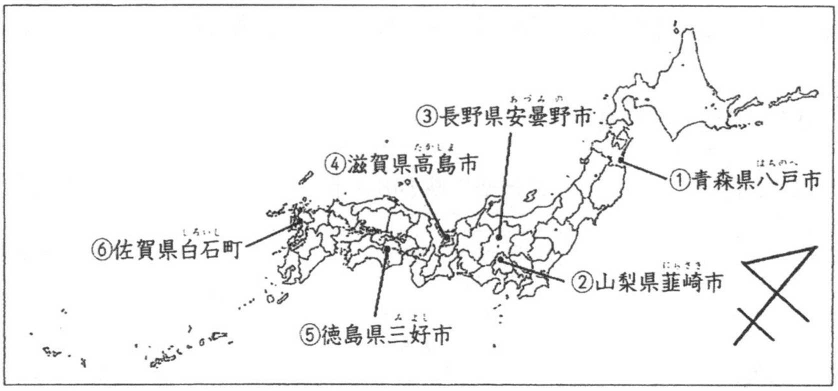

図4　先生が示した地域《ちいき》の郷土料理《きょうどりょうり》

①青森県八戸《はちのへ》市 せんべい汁の画像	せんべい汁《じる》：鶏肉《とりにく》でだしをとったスープに、小麦粉で作ったせんべいと、野菜を入れたなべ料理。	②山梨県韮崎《にらさき》市 ほうとうの画像	ほうとう：小麦粉で作っためんを、かぼちゃなどの野菜といっしょにみそで煮《に》こんだ料理。
③長野県安曇野《あづみの》市 手打ちそばの画像	手打ちそば：そば粉で作っためんを、特産品のわさびなどの薬味が入ったそばつゆにつけて食べる料理。	④滋賀県高島《たかしま》市 しょいめしの画像	しょいめし：野菜と千切りにした油揚《あぶらあ》げをしょうゆなどで煮て、そこに米を入れて炊《た》いた料理。
⑤徳島県三好《みよし》市 そば米雑すいの画像	そば米雑《ごめぞう》すい：米の代わりに、そばの実を塩ゆでし、からをむき、かんそうさせて、山菜などと煮こんだ料理。	⑥佐賀県白石《しろいし》町 すこずしの画像	すこずし：炊いた米に酢《す》などで味付けし、その上に野菜のみじん切りなどをのせた料理。

（農林水産省《のうりんすいさんしょう》ホームページなどより作成）

太　郎：先生が示された郷土料理の主な食材に注目すると、それぞれ米、小麦、そばのいずれかが活用されていることが分かりました。保存方法だけではなく、食材のちがいにも、気温と降水量が関係しているということでしょうか。

先　生：地形、標高、水はけ、土の種類など、さまざまな要因がありますが、気温と降水量も大きく関係しています。米、小麦、そばを考えるなら、その地域の年平均気温と年間降水量に着目する必要があります。

花　子：では、今度は月ごとではなく、それぞれの地域の年平均気温と年間降水量を調べてみます。

花子さんと**太郎**さんは**先生**が**図3**で示した地域の年平均気温と年間降水量を調べ、**表1**にまとめました。

表1　花子さんと太郎《たろう》さんが調べた地域《ちいき》の年平均気温と年間降水量《こうすいりょう》

	年平均気温（度）	年間降水量（mm）
① 青森県八戸《はちのへ》市	10.5	1045
② 山梨県韮崎《にらさき》市	13.8	1213
③ 長野県安曇野《あづみの》市	9.6	1889
④ 滋賀県高島《たかしま》市	14.1	1947
⑤ 徳島県三好《みよし》市	12.3	2437
⑥ 佐賀県白石《しろいし》町	16.1	1823

（気象庁《きしょうちょう》ホームページより作成）

先　生：よく調べましたね。
太　郎：ですが、**表1**では、**図4**の主な食材との関係が分かりにくいです。
花　子：そうですね。年平均気温が高い地域と低い地域、年間降水量が多い地域と少ない地域を、さらに分かりやすく表したいのですが、どうすればよいですか。
先　生：縦軸《たてじく》を年平均気温、横軸《よこじく》を年間降水量とした図を作成してみましょう。**表1**の地域の年平均気温と年間降水量をそれぞれ図に示し、主な食材が同じものを丸で囲んでみると、**図5**のようになります。
太　郎：**図4**と**図5**を見ると、主な食材と年平均気温や年間降水量との関係が見て取れますね。
花　子：そうですね。他の主な食材についても調べてみると面白そうですね。

図5　先生が示した図

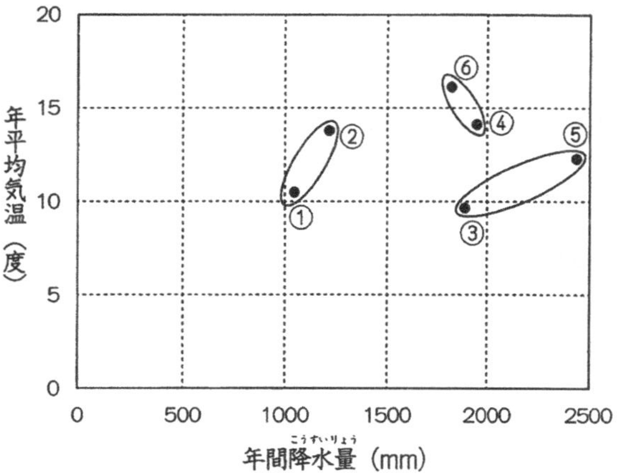

〔問題2〕　太郎さんは「**図4**と**図5**を見ると、主な食材と年平均気温や年間降水量との関係が見て取れますね。」と言っています。**図4**の郷土料理の中で主な食材である米、小麦、そばから二つを選びなさい。選んだ二つの食材がとれる地域の年平均気温、年間降水量を比べながら、それらの地域の年平均気温、年間降水量がそれぞれ選んだ食材とどのように関係しているのか、**図5**と会話文を参考にし、説明しなさい。

3　**花子**さん、**太郎**《たろう》さん、**先生**が石けんと洗剤《せんざい》について話をしています。

花　子：家でカレーライスを食べた後、すぐにお皿を洗《あら》わなかったので、カレーのよごれを落としにくかったよ。食べた後に、お皿を水につけておくとよかったのかな。

太　郎：カレーのよごれを落としやすくするために、お皿を水だけにつけておくより、水に石けんやいろいろな種類の洗剤を入れてつけておく方がよいのかな。調べてみたいな。

先　生：それを調べるには、**図1**のようなスポイトを用いるとよいです。スポイトは液体ごとに別のものを使うようにしましょう。同じ種類の液体であれば、このスポイトから液体をたらすと、１滴《てき》の重さは同じです。

図1　スポイト

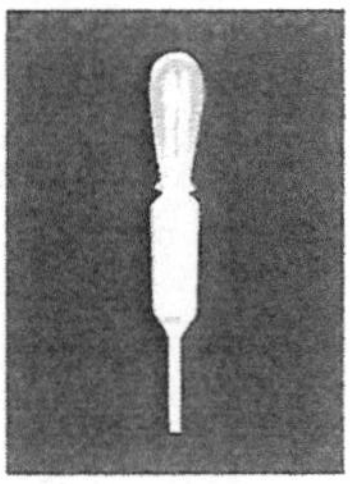

二人は、先生のアドバイスを受けながら、次のような**実験1**を行いました。

実験1

手順1　カレールウをお湯で溶《と》かした液体を、**図2**のようにスライドガラスにスポイトで４滴たらしたものをいくつか用意し、１２時間おく。

図2　スライドガラス

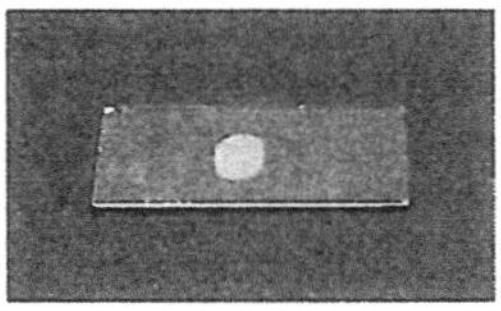

手順2　水１００ｇが入ったビーカーを４個用意する。１個は水だけのビーカーとする。残りの３個には、スポイトを使って次の**ア**～**ウ**をそれぞれ１０滴たらし、ビーカーの中身をよくかき混ぜ、液体**ア**、液体**イ**、液体**ウ**とする。

ア　液体石けん　　**イ**　台所用の液体洗剤　　**ウ**　食器洗い機用の液体洗剤

手順3　手順１で用意したスライドガラスを、手順２で用意したそれぞれの液体に、**図3**のように１枚《まい》ずつ入れ、５分間つけておく。

手順4　スライドガラスを取り出し、その表面を観察し、記録する。

手順5　観察したスライドガラスを再び同じ液体に入れ、さらに５５分間待った後、手順４のように表面を観察し、記録する。

図3　つけておく様子

実験1の記録は、**表1**のようになりました。

表1　スライドガラスの表面を観察した記録

	水だけ	液体**ア**	液体**イ**	液体**ウ**
５分後	よごれがかなり見える。	よごれがほぼ見えない。	よごれが少し見える。	よごれがほぼ見えない。
６０分後	よごれが少し見える。	よごれが見えない。	よごれが見えない。	よごれが見えない。

花　子：よごれが見えなくなれば、カレーのよごれが落ちているといえるのかな。

先　生：カレーのよごれには色がついているものだけでなく、でんぷんもふくまれます。

太　郎：でんぷんのよごれを落とすことができたか調べるために、ヨウ素液が使えるね。
先　生：けんび鏡で観察すると、でんぷんの粒《つぶ》を数えることができます。でんぷんのよごれの程度を、でんぷんの粒の数で考えるとよいです。

二人は、先生のアドバイスを受けながら、次のような**実験２**を行いました。

実験２

手順１　**実験１**の手順１と同様に、カレーがついたスライドガラスを新たにいくつか用意する。その１枚にヨウ素液を１滴たらし、けんび鏡を用いて１５０倍で観察する。**図４**のように接眼レンズを通して見えたでんぷんの粒の数を、液体につける前の粒の数とする。

手順２　手順１で用意したスライドガラスについて、**実験１**の手順２～３を行う。そして、手順1のように観察し、それぞれのでんぷんの粒の数を５分後の粒の数として記録する。

手順３　手順２で観察したそれぞれのスライドガラスを再び同じ液体に入れ、さらに５５分間待った後、手順２のようにでんぷんの粒の数を記録する。

図４　でんぷんの粒《つぶ》

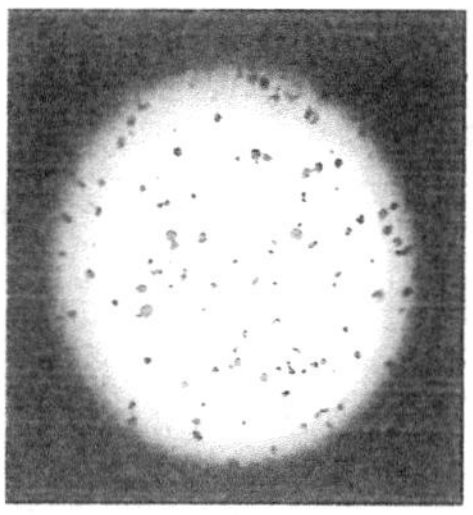

実験２の記録は、**表２**のようになりました。

表２　接眼レンズを通して見えたでんぷんの粒《つぶ》の数

	水だけ	液体**ア**	液体**イ**	液体**ウ**
５分後の粒の数（粒）	８０４	６３２	５０４	４７６
６０分後の粒の数（粒）	４８４	８２	６８	１６６

花　子：手順１で、液体につける前の粒の数は１７７２粒だったよ。
先　生：どのスライドガラスも液体につける前の粒の数は１７７２粒としましょう。
太　郎：５分後と６０分後を比べると、液体**ウ**より水だけの方が粒の数が減少しているね。

〔問題１〕（１）　よごれとして、色がついているよごれとでんぷんのよごれを考えます。**実験１**と**実験２**において、５分間液体につけておくとき、よごれを落とすために最もよいと考えられるものを液体**ア**～**ウ**から一つ選びなさい。また、その理由を、**実験１**と**実験２**をもとに書きなさい。

（２）　**実験２**において、５分後から６０分後までについて考えます。水だけの場合よりも液体**ウ**の場合の方が、でんぷんのよごれの程度をより変化させたと考えることもできます。なぜそう考えることができるのかを、**実験２**をもとに文章を使って説明しなさい。

花　子： 台所にこぼしたサラダ油を綿のふきんでふき取ったのだけれど、ふきんから油を落とすために洗剤《せんざい》の量をどれぐらいにするとよいのかな。

太　郎： 洗剤の量を多くすればするほど、油をより多く落とすことができると思うよ。

先　生： **図1**のようなスポイトを用いて、水に入れる洗剤の量を増やしていくことで、落とすことができる油の量を調べることができます。

二人は、次のような**実験3**を行い、サラダ油５gに対して洗剤の量を増やしたときに、落とすことができる油の量がどのように変化するのか調べました。

実験3

手順1　２０．６gの綿のふきんに、サラダ油５gをしみこませたものをいくつか用意する。

手順2　**図5**のような容器に水1kgを入れ、洗剤を**図1**のスポイトで4滴《てき》たらす。そこに、手順1で用意したサラダ油をしみこませたふきんを入れる。容器のふたを閉《し》め、上下に５０回ふる。

図5　容器

手順3　容器からふきんを取り出し、手でしぼる。容器に残った液体を外へ流し、容器に新しい水1kgを入れ、しぼった後のふきんを入れる。容器のふたを閉め、上下に５０回ふる。

手順4　容器からふきんを取り出し、よくしぼる。ふきんを日かげの風通しのよいところで２４時間おき、乾燥《かんそう》させる。乾燥させた後のふきんの重さを電子てんびんではかる。

手順5　手順1～4について、**図1**のスポイトでたらす洗剤の量を変化させて、乾燥させた後のふきんの重さを調べる。

実験3の結果は、**表3**のようになりました。

表3　洗剤《せんざい》の量と乾燥《かんそう》させた後のふきんの重さ

洗剤の量（滴《てき》）	４	８	１２	１６	２０	２４	２８	３２	３６	４０
ふきんの重さ（g）	24.9	24.6	23.5	23.5	23.0	22.8	23.8	23.8	23.8	23.9

花　子： 調理の後、フライパンに少しの油が残っていたよ。少しの油を落とすために、最低どのくらい洗剤の量が必要なのか、調べてみたいな。

太　郎： 洗剤の量をなるべく減らすことができると、自然環境《かんきょう》を守ることになるね。洗剤に水を加えてうすめていって、調べてみよう。

先　生： 洗剤に水を加えてうすめた液体をつくり、そこに油をたらしてかき混ぜた後、液体の上部に油が見えなくなったら、油が落ちたと考えることにします。

二人は、次のような**実験４**を行いました。

実験４

手順１　ビーカーに洗剤１ｇと水１９ｇを加えて２０ｇの液体をつくり、よくかき混ぜる。この液体を液体Ａとする。液体Ａを半分に分けた１０ｇを取り出し、**試験管Ａ**に入れる。液体Ａの残り半分である１０ｇは、ビーカーに入れたままにしておく。

手順２　手順１でビーカーに入れたままにしておいた液体Ａ１０ｇに水１０ｇを加えて２０ｇにし、よくかき混ぜる。これを液体Ｂとする。液体Ｂの半分を**試験管Ｂ**に入れる。

手順３　ビーカーに残った液体Ｂ１０ｇに、さらに水１０ｇを加えて２０ｇとし、よくかき混ぜる。これを液体Ｃとする。液体Ｃの半分を**試験管Ｃ**に入れる。

手順４　同様に手順３をくり返し、**試験管Ｄ**、**試験管Ｅ**、**試験管Ｆ**、**試験管Ｇ**を用意する。

手順５　**試験管Ａ～Ｇ**に**図１**のスポイトでそれぞれサラダ油を１滴入れる。ゴム栓《せん》をして**試験管Ａ～Ｇ**を１０回ふる。試験管をしばらく置いておき、それぞれの試験管の液体の上部にサラダ油が見えるか観察する。

手順６　もし、液体の上部にサラダ油が見えなかったときは、もう一度手順５を行う。もし、液体の上部にサラダ油が見えたときは、そのときまでに試験管にサラダ油を何滴入れたか記録する。

実験４の記録は、**表４**のようになりました。

表４　加えたサラダ油の量

	試験管Ａ	**試験管Ｂ**	**試験管Ｃ**	**試験管Ｄ**	**試験管Ｅ**	**試験管Ｆ**	**試験管Ｇ**
サラダ油の量（滴《てき》）	５９	４１	３８	１７	５	１	１

〔問題２〕（１）　太郎さんは、「洗剤の量を多くすればするほど、油をより多く落とすことができると思うよ。」と予想しました。その予想が正しくないことを、**実験３**の結果を用いて説明しなさい。

（２）　フライパンに残っていたサラダ油０．４ｇについて考えます。新たに用意した**実験４**の**試験管Ａ～Ｇ**の液体１０ｇに、サラダ油０．４ｇをそれぞれ加えて１０回ふります。その後、液体の上部にサラダ油が見えなくなるものを、**試験管Ａ～Ｇ**からすべて書きなさい。また、**実験４**から、サラダ油０．４ｇを落とすために、**図１**のスポイトを用いて洗剤は最低何滴《てき》必要ですか。整数で答えなさい。

ただし、**図１**のスポイトを用いると、サラダ油１００滴の重さは２．５ｇ、洗剤１００滴の重さは２ｇであるものとします。

適性検査Ⅰ

注意

1 問題は［1］のみで、**5ページ**にわたって印刷してあります。

2 検査時間は**四十五分**で、終わりは**午前九時四十五分**です。

3 声を出して読んではいけません。

4 答えは全て解答用紙に明確に記入し、**解答用紙だけを提出しなさい。**

5 答えを直すときは、きれいに消してから、新しい答えを書きなさい。

6 **受検番号**を解答用紙の決められたらんに記入しなさい。

③

東京都立立川国際中等教育学校

1

次の文章を読み、あとの問題に答えなさい。

（＊印のついている言葉には本文のあとに〔注〕があります。）

皆《みな》さんは、雑草を育てたことがありますか？

雑草なら庭にいくらでも生えている……と思うかもしれませんが、そうではありません。実際に、種を播《ま》いて、水をやって、育てるのです。

雑草は勝手に生えてくるものであって、雑草を育てるなんておかしいですよね。

私《わたし》は雑草の研究をしています。そのため、研究材料として雑草を育てることがあります。

雑草は放っておけば育つから、雑草を育てるのは簡単《かんたん》だ、と思うかもしれません。ところが、それは大間違《おおまちが》いです。雑草を育てるのは、じつはなかなか難《むずか》しいのです。

雑草を育てることが難しい理由は、私たちの思うようにいかないからです。

何しろ、種を播いても芽が出てきません。

野菜や花の種であれば、種を播いて水をやり、何日か待っていれば芽が出てきます。ところが、雑草は違います。種を播いても水をやっても、いくら待っても芽が出てこないことがあるのです。

野菜や花の種は、人間が発芽に適していると考えた時期をあらかじめ＊想定して、改良されています。そのため、野菜や花の種は人間のいうとおりに芽が出るのです。一方、雑草は芽を出す時期は自分で決めます。人間のいうとおりには、ならないのです。

また、野菜や花の種であれば、一斉《いっせい》に芽を出してきます。ところが、雑草は芽が出たとしても時期がバラバラです。早く芽を出すものがあるかと思えば、遅《おく》れて芽を出すものもいます。忘《わす》れた頃《ころ》に芽を出してくるものもあれば、それでも芽を出さずに眠《ねむ》り続けているものもあります。やっと芽を出しても、足並《あしな》みが揃《そろ》っていません。

早く芽を出すせっかちもいれば、なかなか芽を出さないのんびり屋もいます。このバラバラな性格は、人間の世界では「個性」と呼《よ》ばれるものかもしれません。

雑草はとても「個性」が豊かです。そういえば、聞こえはいいですが、結局バラバラで扱《あつか》いにくい存在《そんざい》です。そして、個性ある雑草たちは育てにくい存在でもあるのです。

それにしても、どうして、雑草は芽を出す時期がバラバラなのでしょうか。

植物にとっては、早く芽を出したほうが成長するためには有利な気もするのに、どうして雑草には、ゆっくりと芽を出すような性格のものがあるのでしょうか？

皆さんは、「*オナモミ」という雑草を知っていますか。

トゲトゲした実が服にくっつくので「くっつき虫」という別名もあります。子どもの頃に、実を投げ合って遊んだ人もいるかもしれません。

オナモミの実は知っていても、この実の中を見たことのある人は少ないのではないでしょうか。

オナモミの実の中には、やや長い種子とやや短い種子の二つの種子が入っています。

二つの種子のうち、長い種子はすぐに芽を出すせっかち屋さんです。一方の短い種子は、なかなか芽を出さないのんびり屋さんです。

オナモミの実は、性格の異《こと》なる二つの種子を持っているのです。

それでは、このせっかち屋の種子とのんびり屋の種子は、どちらがより優《すぐ》れているのでしょうか。

そんなこと、わかりません。

早く芽を出したほうが良いのか、遅く芽を出したほうが良いのかは、場合によって変わります。

「*善《ぜん》は急げ」というとおり、早く芽を出したほうがいい場合もあります。しかし、すぐに芽を出しても、そのときの環境《かんきょう》がオナモミの*生育に適しているとは限りません。「*急《せ》いては事をし損じる」というとおり、遅《おそ》く芽を出したほうがいい場合もあります。だから、オナモミは性格の異なる二つの種子を用意しているのです。

雑草の種子の中に早く芽を出すものがあったり、なかなか芽を出さないものがあったりするのも、同じ理由です。

早いほうがよいのか、遅いほうがよいのか、比べることに何の意味もありません。オナモミにとって、どちらもあることが大切なのです。

芽を出すことが早かったり遅かったりすることは、雑草にとっては、*優劣《ゆうれつ》ではありません。雑草にとって、それは個性なのです。

しかし、早く芽を出すものがあったり、遅く芽を出すものがあったりすると、いろいろと不都合もありそうです。芽を出す時期は揃っているほうが良いような気もします。

バラバラな個性って本当に必要なのでしょうか?

バラバラな性質のことを「遺伝《いでん》的多様性」といいます。

個性とは「遺伝的多様性」のことです。多様性とは「バラバラ」なことです。

しかし、どうしてバラバラであることが良いのでしょうか。

皆さんは、学校で答えのある問題を解いています。問題には正解があり、それ以外は間違いです。

ところが自然界には、答えのないことのほうが多いのです。

たとえば、先に紹介《しょうかい》したオナモミに代表されるように、雑草にとっては、早く芽を出したほうがいいのか、遅く芽を出したほうがいいのか、答えはありません。

早いほうがいいときがあるかもしれませんし、じっくりと芽を出したほうがいいかもしれません。環境が変われば、どちらが良いかは変わります。どちらが良いという答えがないのですから、「どちらもある」というのが、雑草にとっては正しい答えになります。

だから、雑草はバラバラでありたがるのです。どちらが、優れているとか、どちらが劣《おと》っているという優劣はありません。むしろ、バラバラであることが強みです。

そして、すべての生物は「遺伝的多様性」を持っているのです。

じつは人間の世界も、答えがあるようで、ないことのほうが多いのです。

本当は何が正しくて、何が優れているかなんてわからないのです。

「もっと早くやりなさい」とスピードを評価してみたかと思うと、「もっとていねいにやりなさい」とゆっくりやることを褒《ほ》めだしたりします。

人間の大人たちは答えを知っているようなフリをしています。

そして、優劣をつけてわかったようなフリをして、「これは良い」とか、「それはダメだ」と言っています。

しかし、何が優れているかなんて、本当は知りません。

いや、本当は、どれが優れているということはないのです。

それを知っているからオナモミは、二つの種子を持っているのです。

しかし、不思議なことがあります。

先に書いたように、自然界では多様性が大切にされます。それなのに、

タンポポの花はどれもほとんど黄色です。

紫色《むらさきいろ》や赤い色をしたタンポポを見かけることはありません。タンポポの花の色に個性はありません。これはどうしてなのでしょうか。

タンポポは、主に*アブの仲間を呼び寄せて花粉を運んでもらいます。アブの仲間は黄色い花に来やすい性質があります。そのため、タンポポの花の色は黄色がベストなのです。

黄色が一番いいと決まっているから、タンポポはどれも黄色なのです。

しかし、タンポポの株《かぶ》の大きさはバラバラです。大きなタンポポもあれば、小さなタンポポもあります。葉っぱの形もさまざまです。ギザギザに深く切れ込《こ》んだ葉っぱのものもあれば、切れ込みのない葉っぱのものもあります。

どんな大きさが良いかは環境によって変わります。葉っぱの形も、どれが良いという正解はありません。

そのため、タンポポの大きさや葉っぱの形は個性的なのです。

個性は当たり前のようにあるわけではありません。個性は生物が生き残るために作り出した戦略です。個性があるということ、つまりはなぜバラバラであるかといえば、そこに意味があるからなのです。

（稲垣栄洋《いながきひでひろ》「はずれ者が進化をつくる」
ちくまプリマー新書による）

〈注〉

想定 ——— 仮にそうであると考えること。

オナモミ ——— キク科の植物。

善《ぜん》は急げ ——— よいと思ったら、すぐやりなさい、ということわざ。

生育 ——— 木や草が育つこと。また、育てること。

急《せ》いては事をし損じる — あまり急いでやると、失敗しやすいものだということ。

優劣《ゆうれつ》 ——— 優れていることと、劣っていること。

アブ ——— ハエに似ていて、やや大型のこん虫。めすは人や馬・牛などの血をすう。

〈問題1〉 「私たちの思うようにいかない」とありますが、これはどのようなことですか。四十字以上五十字以内で説明しなさい。

〈問題2〉 「雑草の種子の中に早く芽を出すものがあったり、なかなか芽を出さないものがあったりする」とありますが、これはなぜですか。筆者が考える理由を五十字以上六十字以内で説明しなさい。

〈問題3〉 「なぜバラバラであるかといえば、そこに意味があるからなのです」とありますが、これはどのようなことですか。本文全体を通して考え、まとめなさい。また、そのことを「人間の世界」に置きかえると、どのようなことが当てはまりますか。見たこと、聞いたことなどの中から具体的な一例をあげ、今後どのように生かしていくかについて、あなたの考えを四百六十字以上五百字以内で説明しなさい。ただし、あとの条件にしたがうこと。

条件　次の三段落《さんだんらく》以上の構成にまとめて書くこと

①　第一段落では、「なぜバラバラであるかといえば、そこに意味があるからなのです」ということがどのようなことであるかを説明する。

②　第二段落以降《いこう》では、「人間の世界」に置きかえたときに当てはまることを述べる。

③　最終段落では、②で述べたことを今後どのように生かしていくかについて述べる。

なお、次のきまりにしたがって書きなさい。

《きまり》
段落《だんらく》をかえたときの残りのますめは字数として数えます。
ただし、〈問題1〉・〈問題2〉は、一ますめから書き、段落をかえてはいけません。
、や。や「なども、それぞれ字数に数えます。

適性検査Ⅱ

注　　意

1　問題は **1** から **3** までで、１２ページにわたって印刷してあります。

2　検査時間は４５分で、終わりは午前１１時１０分です。

3　声を出して読んではいけません。

4　計算が必要なときは、この問題用紙の余白を利用しなさい。

5　答えは全て解答用紙に明確に記入し、**解答用紙だけを提出しなさい。**

6　答えを直すときは、きれいに消してから、新しい答えを書きなさい。

7　**受検番号**を解答用紙の決められたらんに記入しなさい。

東京都立立川国際中等教育学校

問題は次のページからです。

問題を解くときに、問題用紙や解答用紙、ティッシュペーパーなどを実際に折ったり切ったりしてはいけません。

1 **花子**さん、**太郎《たろう》**さん、**先生**が、2年生のときに習った九九の表を見て話をしています。

花　子：2年生のときに、1の段《だん》から9の段までを何回もくり返して覚えたね。

太　郎：九九の表には、たくさんの数が書かれていて、規則がありそうですね。

先　生：どのような規則がありますか。

花　子：9の段に出てくる数は、一の位と十の位の数の和が必ず9になっています。

太　郎：そうだね。9も十の位の数を0だと考えれば、和が9になっているね。

先　生：ほかには何かありますか。

表1

	1	2	3	4	5	6	7	8	9
1	1	2	3	4	5	6	7	8	9
2	2	4	6	8	10	12	14	16	18
3	3	6	9	12	15	18	21	24	27
4	4	8	12	16	20	24	28	32	36
5	5	10	15	20	25	30	35	40	45
6	6	12	18	24	30	36	42	48	54
7	7	14	21	28	35	42	49	56	63
8	8	16	24	32	40	48	56	64	72
9	9	18	27	36	45	54	63	72	81

太　郎：**表1**のように4個の数を太わくで囲むと、左上の数と右下の数の積と、右上の数と左下の数の積が同じ数になります。

花　子：4×9＝36、6×6＝36で、確かに同じ数になっているね。

先　生：では、**表2**のように6個の数を太わくで囲むと、太わくの中の数の和はいくつになるか考えてみましょう。

表2

	1	2	3	4	5	6	7	8	9
1	1	2	3	4	5	6	7	8	9
2	2	4	6	8	10	12	14	16	18
3	3	6	9	12	15	18	21	24	27
4	4	8	12	16	20	24	28	32	36
5	5	10	15	20	25	30	35	40	45
6	6	12	18	24	30	36	42	48	54
7	7	14	21	28	35	42	49	56	63
8	8	16	24	32	40	48	56	64	72
9	9	18	27	36	45	54	63	72	81

花　子：6個の数を全て足したら、２７３になりました。

先　生：そのとおりです。では、同じように囲んだとき、6個の数の和が１３５になる場所を見つけることはできますか。

太　郎：6個の数を全て足せば見つかりますが、大変です。何か規則を用いて探《さが》すことはできないかな。

花　子：規則を考えたら、6個の数を全て足さなくても見つけることができました。

〔問題１〕　6個の数の和が１３５になる場所を一つ見つけ、解答らんの太わくの中にその6個の数を書きなさい。

　また、花子さんは「規則を考えたら、6個の数を全て足さなくても見つけることができました。」と言っています。6個の数の和が１３５になる場所をどのような規則を用いて見つけたか、**図1**の**A**から**F**までを全て用いて説明しなさい。

図1

A	B	C
D	E	F

先　生：九九の表（**表3**）は、1から9までの2個の数をかけ算した結果を表にしたものです。
ここからは、1けたの数を4個かけて、九九の表にある全ての数を表すことを考えてみましょう。次の〔**ルール**〕にしたがって、考えていきます。

表3　九九の表

＼	1	2	3	4	5	6	7	8	9
1	1	2	3	4	5	6	7	8	9
2	2	4	6	8	10	12	14	16	18
3	3	6	9	12	15	18	21	24	27
4	4	8	12	16	20	24	28	32	36
5	5	10	15	20	25	30	35	40	45
6	6	12	18	24	30	36	42	48	54
7	7	14	21	28	35	42	49	56	63
8	8	16	24	32	40	48	56	64	72
9	9	18	27	36	45	54	63	72	81

〔ルール〕

(1)　立方体を4個用意する。

(2)　それぞれの立方体から一つの面を選び、「●」を書く。

(3)　**図2**のように全ての立方体を「●」の面を上にして置き、左から順に**ア**、**イ**、**ウ**、**エ**とする。

(4)　「●」の面と、「●」の面に平行な面を底面とし、そのほかの4面を側面とする。

(5)　「●」の面に平行な面には何も書かない。

(6)　それぞれの立方体の全ての側面に、1けたの数を1個ずつ書く。
ただし、数を書くときは、**図3**のように数の上下の向きを正しく書く。

(7)　**ア**から**エ**のそれぞれの立方体から側面を一つずつ選び、そこに書かれた4個の数を全てかけ算する。

図2

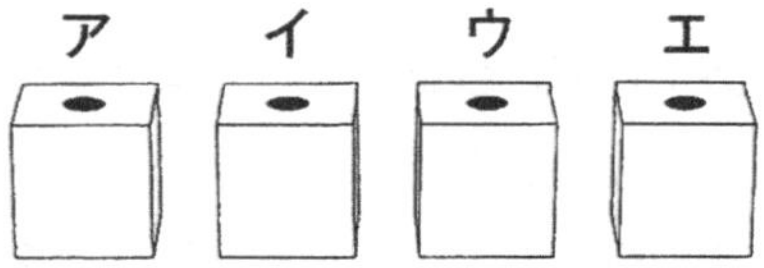

図3

先　生：例えば**図4**のように選んだ面に2、1、2、3と書かれている場合は、
2×1×2×3＝12を表すことができます。側面の選び方を変えればいろいろな数を表すことができます。4個の数のかけ算で九九の表にある数を全て表すには、どのように数を書けばよいですか。

図4

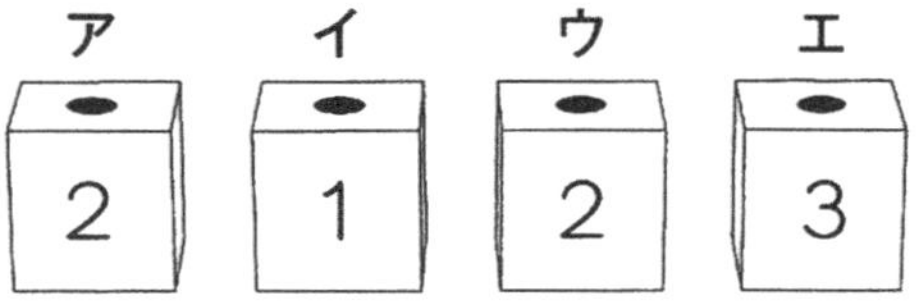

太　郎：４個の立方体の全ての側面に１個ずつ数を書くので、全部で１６個の数を書くことになりますね。

花　子：１けたの数を書くとき、同じ数を何回も書いてよいのですか。

先　生：はい、よいです。それでは、やってみましょう。

太郎さんと花子さんは、立方体に数を書いてかけ算をしてみました。

太　郎：先生、側面の選び方をいろいろ変えてかけ算をしてみたら、九九の表にない数も表せてしまいました。それでもよいですか。

先　生：九九の表にある数を全て表すことができていれば、それ以外の数が表せてもかまいません。

太　郎：それならば、できました。

花　子：私《わたし》もできました。私は、立方体の側面に１から７までの数だけを書きました。

〔問題２〕**〔ルール〕**にしたがって、**ア**から**エ**の立方体の側面に１から７までの数だけを書いて、九九の表にある全ての数を表すとき、側面に書く数の組み合わせを１組、解答らんに書きなさい。ただし、使わない数があってもよい。

　また、**ア**から**エ**の立方体を、**図５**の展開図《てんかいず》のように開いたとき、側面に書かれた４個の数はそれぞれどの位置にくるでしょうか。数の上下の向きも考え、解答らんの展開図に４個の数をそれぞれ書き入れなさい。

図５　展開図《てんかいず》

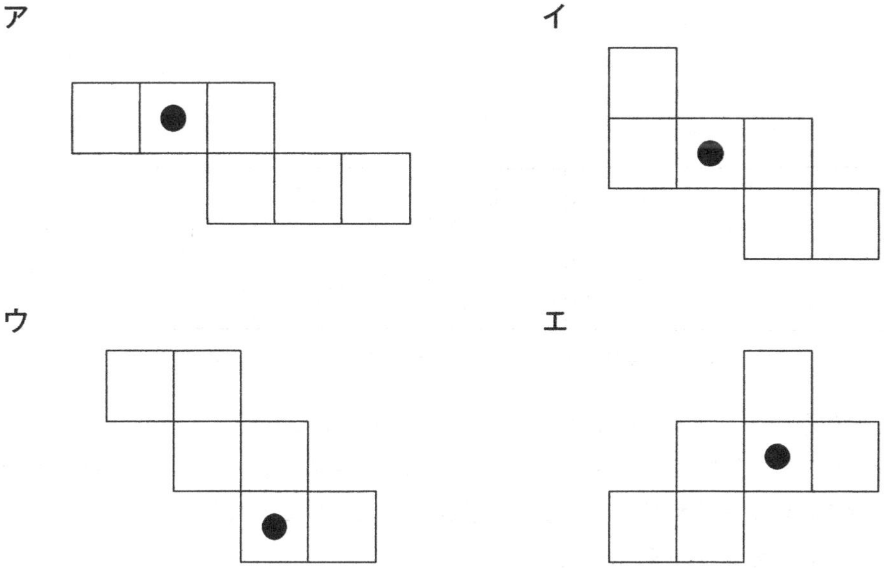

2 **太郎**《たろう》さんと**花子**さんは、木材をテーマにした調べ学習をする中で、**先生**と話をしています。

太　郎：社会科の授業で、森林は、主に天然林と人工林に分かれることを学んだね。

花　子：天然林は自然にできたもので、人工林は人が植林して育てたものだったね。

太　郎：調べてみると、日本の森林面積のうち、天然林が約５５％、人工林が約４０％で、残りは竹林などとなっていることが分かりました。

先　生：人工林が少ないと感じるかもしれませんが、世界の森林面積にしめる人工林の割合《わりあい》は１０％以下ですので、それと比べると、日本の人工林の割合は高いと言えます。

花　子：昔から日本では、生活の中で、木材をいろいろな使い道で利用してきたことと関係があるのですか。

先　生：そうですね。木材は、建築材料をはじめ、日用品や燃料など、重要な資源《しげん》として利用されてきました。日本では、天然林だけでは木材資源を持続的に得ることは難《むずか》しいので、人が森林を育てていくことが必要だったのです。

太　郎：それでは、人工林をどのように育ててきたのでしょうか。

先　生：**図１**は、人工林を育てる森林整備サイクルの例です。

図１　人工林を育てる森林整備サイクルの例

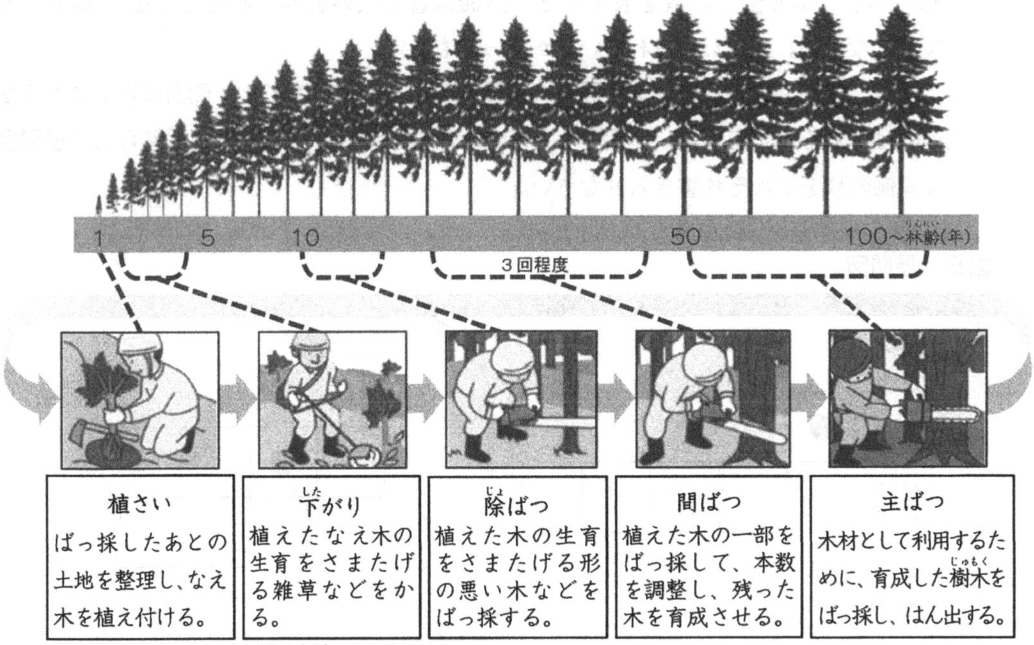

（林野庁《りんやちょう》「森林・林業・木材産業の現状と課題」より作成）

先　生：これを見ると、なえ木の植え付けをしてから、木材として主ばつをするまでの木の成長過程と、植え付けてからの年数、それにともなう仕事の内容が分かりますね。一般的《いっぱんてき》に、森林の年齢《ねんれい》である林齢《りんれい》が、５０年を経過した人工林は、太さも高さも十分に育っているため、主ばつに適していると言われます。

花　子：今年植えたなえ木は、５０年後に使うことを考えて、植えられているのですね。

1

解答用紙 適性検査Ⅰ

（問題1） 30点

40

50

（問題2） 20点

50

60

（問題3） 50点

100

※100点満点

受検番号

得点
※

※のらんには、記入しないこと

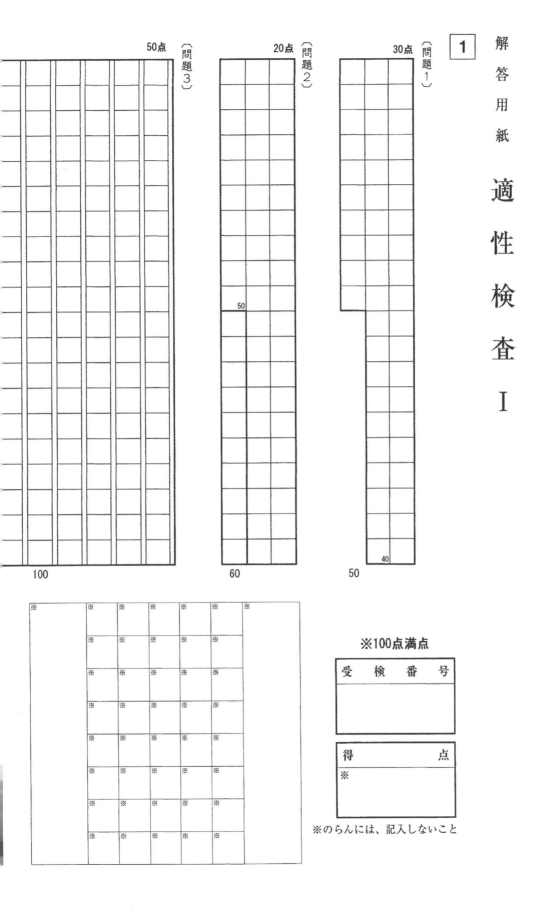

解答用紙　適性検査Ⅱ

※100点満点

受検番号	得点
	※

※のらんには、記入しないこと

1

〔問題１〕 12点

〔説明〕

※

〔問題２〕 18点

〔アの側面に書く４個の数〕				〔イの側面に書く４個の数〕			
〔ウの側面に書く４個の数〕				〔エの側面に書く４個の数〕			

〔アの展開図《てんかいず》〕

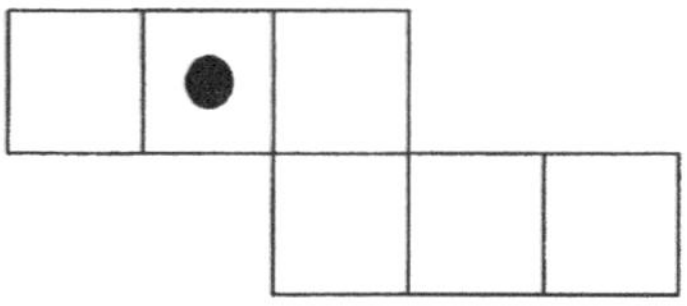

〔イの展開図〕

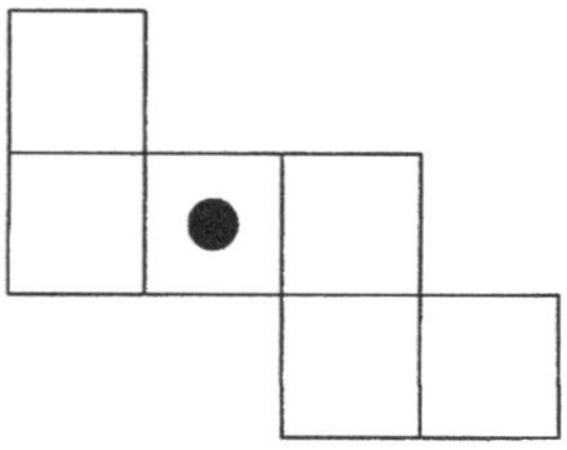

〔ウの展開図〕

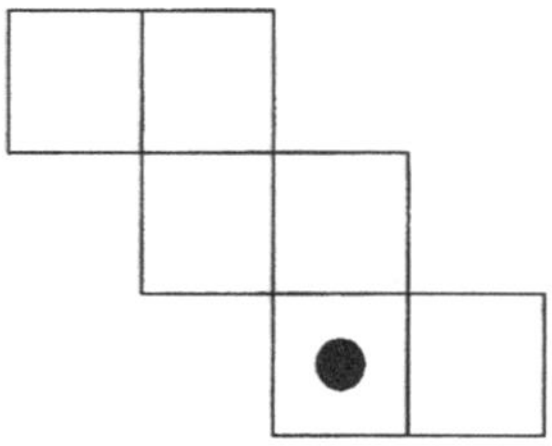

〔エの展開図〕

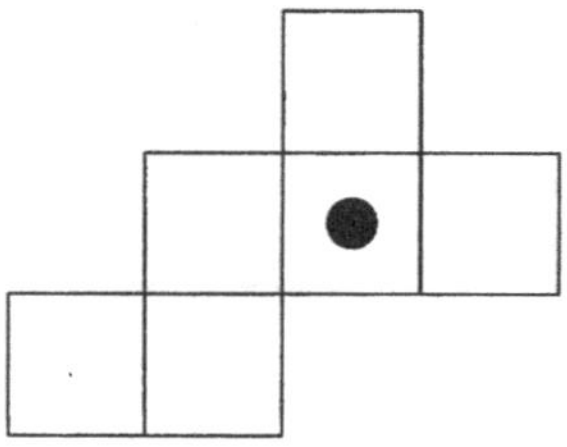

※

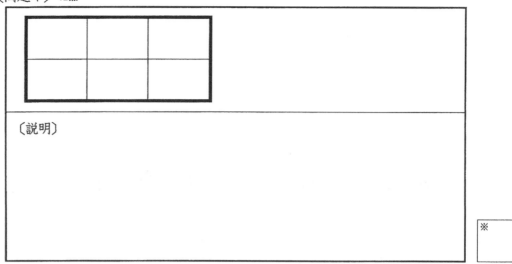

2

〔問題１〕25点

※

〔問題２〕15点

（選んだ二つを○で囲みなさい。）

図３　　図４　　図５

※

3

〔問題1〕 14点

(1)

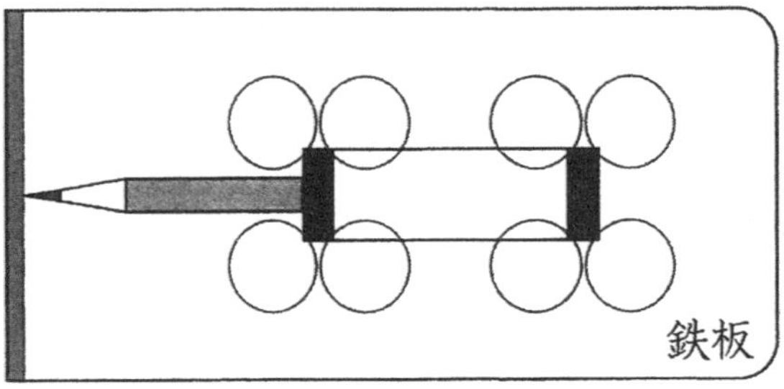

(2)

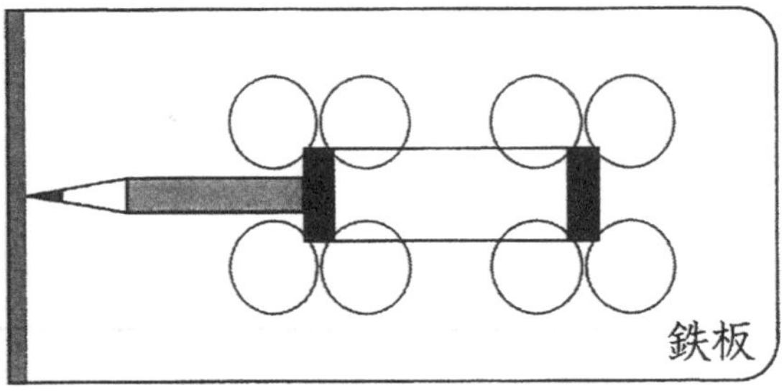

〔理由〕

※

〔問題2〕 16点

(1) 個

(2) 〔大きい場合〕

〔理由〕

※

（３　立川国際）

500　460　400　300　200

※のらんには、記入しないこと

※	※	※	※	※	※	※
	※	※	※	※	※	
	※	※	※	※	※	
	※	※	※	※	※	
	※	※	※	※	※	
	※	※	※	※	※	
	※	※	※	※	※	
	※	※	※	※	※	

※	※	※	※	※	※	※
	※	※	※	※	※	
	※	※	※	※	※	
	※	※	※	※	※	
	※	※	※	※	※	
	※	※	※	※	※	
	※	※	※	※	※	
	※	※	※	※	※	

先　生：人工林を育てるには、長い期間がかかることが分かりましたね。次は、これを見てください。

図２　人工林の林齢《りんれい》別面積の構成

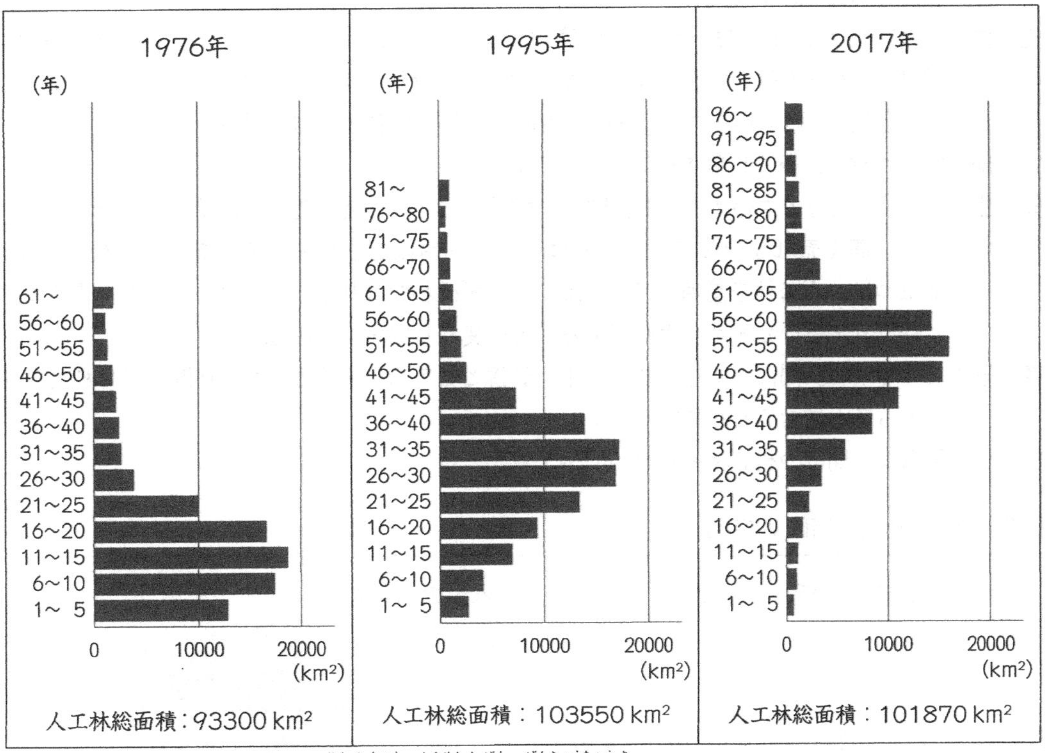

（林野庁《りんやちょう》「森林資源《しんりんしげん》の現況調査《げんきょうちょうさ》」より作成）

先　生：図２は、人工林の林齢別面積の移り変わりを示しています。

太　郎：２０１７年では、林齢別に見ると、４６年から６０年の人工林の面積が大きいことが分かります。

花　子：人工林の総面積は、１９９５年から２０１７年にかけて少し減っていますね。

先　生：日本の国土の約３分の２が森林で、森林以外の土地も都市化が進んでいることなどから、これ以上、人工林の面積を増やすことは難しいのです。

太　郎：そうすると、人工林を維持《いじ》するためには、主ばつした後の土地に植林をする必要があるということですね。

先　生：そのとおりです。では、これらの資料から、<u>２０年後、４０年後といった先を予想してみると、これからも安定して木材を使い続けていく上で、どのような課題があると思いますか。</u>

〔問題１〕　先生は「<u>２０年後、４０年後といった先を予想してみると、これからも安定して木材を使い続けていく上で、どのような課題があると思いますか。</u>」と言っています。持続的に木材を利用する上での課題を、これまでの会話文や**図１**の人工林の林齢と成長に着目し、**図２**から予想される人工林の今後の変化にふれて書きなさい。

花　子：人工林の育成には、森林整備サイクルが欠かせないことが分かりました。**図1**を見ると、林齢が５０年以上の木々を切る主ばつと、それまでに３回程度行われる間ばつがあります。高さや太さが十分な主ばつされた木材と、成長途中《せいちょうとちゅう》で間ばつされた木材とでは、用途《ようと》にちがいはあるのですか。

先　生：主ばつされた木材は、大きな建築材として利用できるため、価格も高く売れます。間ばつされた木材である間ばつ材は、そのような利用は難しいですが、うすい板を重ねて作る合板や、紙を作るための原料、燃料などでの利用価値《りようかち》があります。

太　郎：間ばつ材は、多く利用されているのですか。

先　生：いいえ、そうともいえません。間ばつ材は、ばっ採作業や運ぱんに多くのお金がかかる割《わり》に、高く売れないことから、間ばつ材の利用はあまり進んでいないのが現状です。間ばつは、人工林を整備していく上で、必ず行わなければならないことです。間ばつ材と呼《よ》ばれてはいますが、木材であることに変わりはありません。

花　子：そうですね。間ばつ材も、重要な木材資源として活用することが、資源の限られた日本にとって大切なことだと思います。

先　生：**図3**は、間ばつ材を使った商品の例です。

図3　間ばつ材を使用した商品

かまぼこの板

木製のおもちゃ

太　郎：小さい商品なら、間ばつ材が使えますね。おもちゃは、プラスチック製のものをよく見ますが、間ばつ材を使った木製のものもあるのですね。

花　子：**図3**で取り上げられたもの以外にも、間ばつ材の利用を進めることにつながるものはないか調べてみよう。

太　郎：私《わたし》も間ばつ材に関する資料を見つけました。

図4　間ばつ材に関する活動

紙コップに印刷された間ばつ材マーク

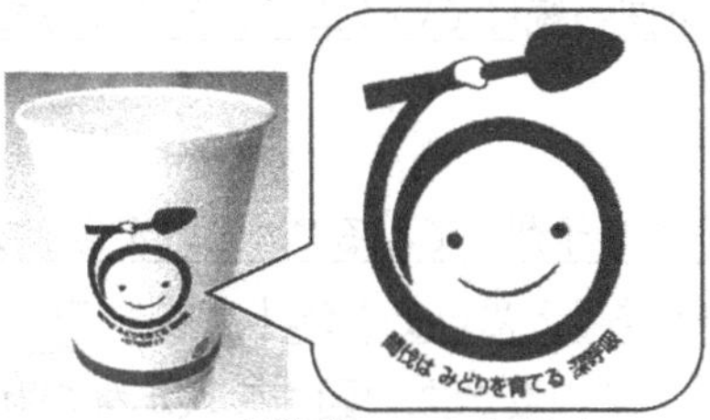

（全国森林組合連合会　間伐材《かんばつざい》マーク事務局《じむきょく》ホームページより）

小学生向け間ばつ体験

（和歌山県観光連盟《わかやまけんかんこうれんめい》ホームページより）

太　郎：**図4**の間ばつ材マークは、間ばつ材を利用していると認《みと》められた製品に表示されるマークです。間ばつや、間ばつ材利用の重要性などを広く知ってもらうためにも利用されるそうです。

花　子：**図4**の間ばつ体験をすることで、実際に林業にたずさわる人から、間ばつの作業や、間ばつ材について聞くこともできるね。私も間ばつ材の利用を進めることに関する資料を見つけました。

図5　林業に関する資料

高性能の林業機械を使った間ばつの様子

（中部森林管理局ホームページより）

間ばつ材の運ぱんの様子

（長《なが》野《の》森林組合《しんりんくみあい》ホームページより）

花　子：木材をばっ採し運び出す方法は、以前は、小型の機具を使っていましたが、**図5**のような大型で高性能の林業機械へと変わってきています。

先　生：間ばつ材の運ぱんの様子も、**図5**をみると、大型トラックが大量の木材を運んでいることが分かります。国としても、このような木材を運び出す道の整備を推進《すいしん》しているのですよ。

太　郎：機械化が進み、道が整備されることで、効率的な作業につながりますね。

先　生：これらの資料を見比べてみると、間ばつ材についての見方が広がり、それぞれ関連し合っていることが分かりますね。

花　子：間ばつ材の利用を進めるためには、さまざまな立場から取り組むことが大切だと思いました。

〔問題2〕　花子さんは、「間ばつ材の利用を進めるためには、さまざまな立場から取り組むことが大切だと思いました。」と言っています。「**図3**　間ばつ材を使用した商品」、「**図4**　間ばつ材に関する活動」、「**図5**　林業に関する資料」の三つから二つの図を選択《せんたく》した上で、選択した図がそれぞれどのような立場の取り組みで、その二つの取り組みがどのように関連して、間ばつ材利用の促進《そくしん》につながるのかを説明しなさい。

3 **花子**さん、**太郎《たろう》**さん、**先生**が磁石《じしゃく》について話をしています。

花　子：磁石の力でものを浮《う》かせる技術が考えられているようですね。

太　郎：磁石の力でものを浮かせるには、磁石をどのように使うとよいのですか。

先　生：**図1**のような円柱の形をした磁石を使って考えてみましょう。この磁石は、一方の底面が**N**極になっていて、もう一方の底面は**S**極になっています。この磁石をいくつか用いて、ものを浮かせる方法を調べることができます。

図1　円柱の形をした磁石《じしゃく》

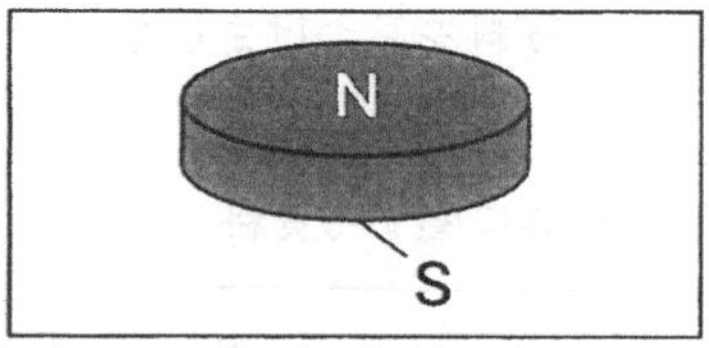

花　子：どのようにしたらものを浮かせることができるか実験してみましょう。

二人は先生のアドバイスを受けながら、次の手順で**実験1**をしました。

実験1

手順1　**図1**のような円柱の形をした同じ大きさと強さの磁石をたくさん用意する。そのうちの1個の磁石の底面に、**図2**のように底面に対して垂直《すいちょく》にえん筆を接着する。

手順2　**図3**のようなえん筆がついたつつを作るために、透明《とうめい》なつつを用意し、その一方の端《はし》に手順1でえん筆を接着した磁石を固定し、もう一方の端に別の磁石を固定する。

手順3　**図4**のように直角に曲げられた鉄板を用意し、一つの面を地面に平行になるように固定し、その鉄板の上に4個の磁石を置く。ただし、磁石の底面が鉄板につくようにする。

手順4　鉄板に置いた4個の磁石の上に、手順2で作ったつつを**図5**のように浮かせるために、えん筆の先を地面に垂直な鉄板の面に当てて、手をはなす。

手順5　鉄板に置いた4個の磁石の表裏《おもてうら》や位置を変えて、つつを浮かせる方法について調べる。ただし、上から見たとき、4個の磁石の中心を結ぶと長方形になるようにする。

図2　磁石とえん筆

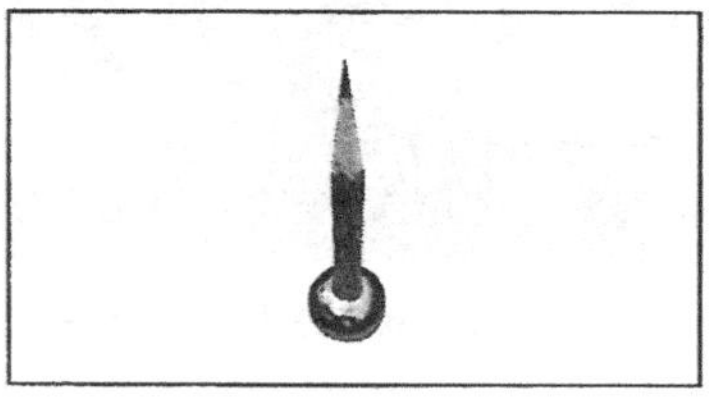

図3　えん筆がついたつつ

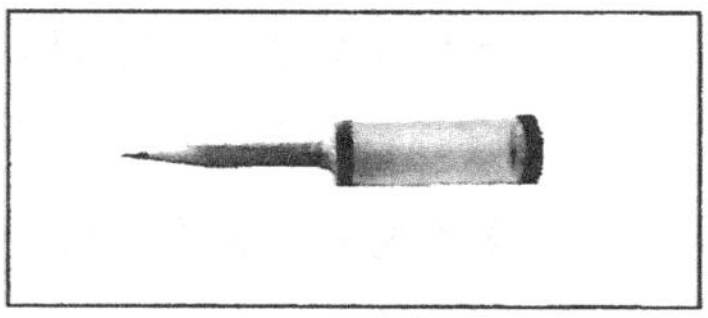

図4　鉄板と磁石4個

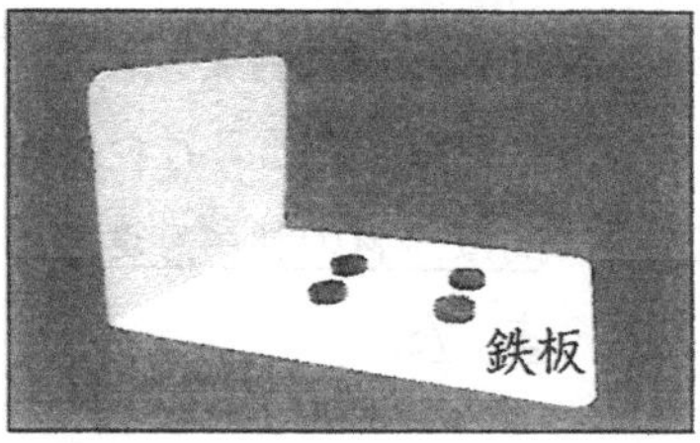

図5　磁石の力で浮《う》かせたつつ

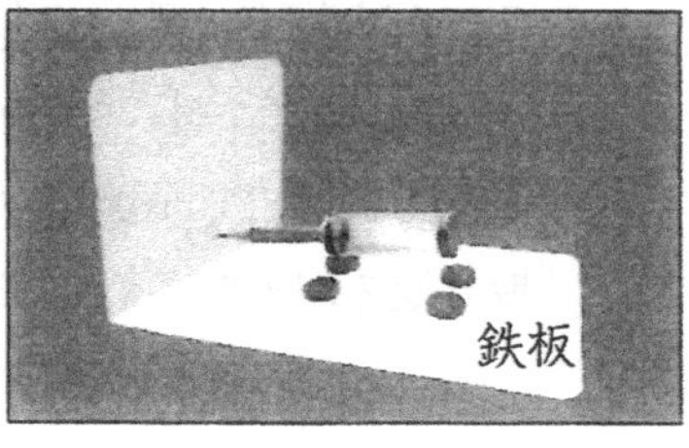

太　郎：つつに使う２個の磁石の**N**極と**S**極の向きを変えると、**図6**のように(あ)～(え)の４種類のえん筆がついたつつをつくることができるね。

図6　４種類のつつ

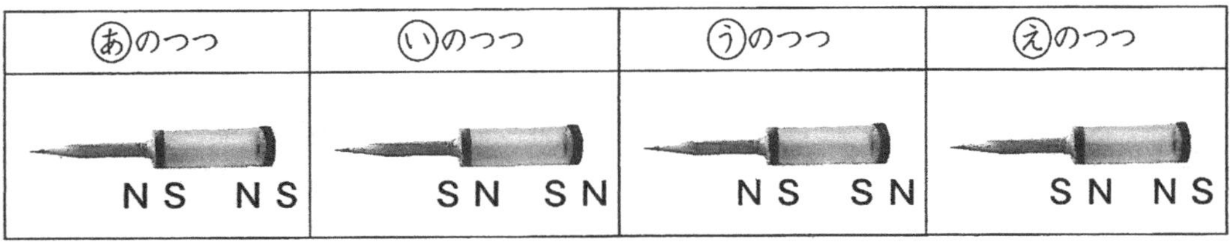

花　子：(あ)のつつを浮かせてみましょう。

太　郎：鉄板を上から見たとき、**図7**の**ア**や**イ**のようにすると、**図5**のように(あ)のつつを浮かせることができたよ。

図7　上から見た(あ)のつつと、鉄板に置いた４個の磁石の位置と上側の極

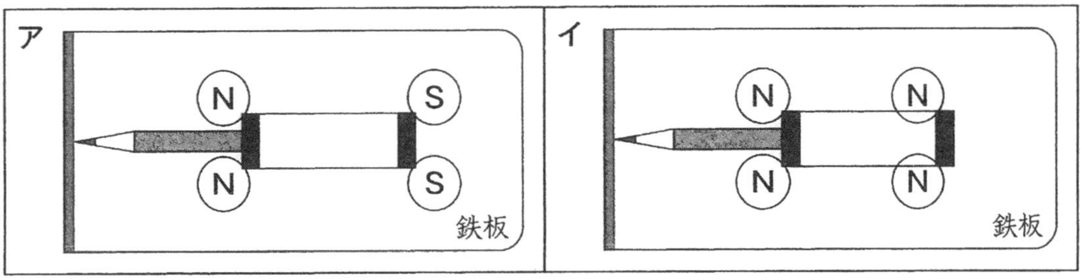

花　子：(あ)のつつを浮かせる方法として、**図7**の**ア**と**イ**の他にも組み合わせがいくつかありそうだね。

太　郎：そうだね。さらに、(い)や(う)、(え)のつつも浮かせてみたいな。

〔問題１〕（１）　**実験１**で**図7**の**ア**と**イ**の他に(あ)のつつを浮かせる組み合わせとして、４個の磁石をどの位置に置き、上側をどの極にするとよいですか。そのうちの一つの組み合わせについて、解答らんにかかれている８個の円から、磁石を置く位置の円を４個選び、選んだ円の中に磁石の上側が**N**極の場合は**N**、上側が**S**極の場合は**S**を書き入れなさい。

（２）　**実験１**で(え)のつつを浮かせる組み合わせとして、４個の磁石をどの位置に置き、上側をどの極にするとよいですか。そのうちの一つの組み合わせについて、（１）と同じように解答らんに書き入れなさい。また、書き入れた組み合わせによって(え)のつつを浮かせることができる理由を、(あ)のつつとのちがいにふれ、**図7**の**ア**か**イ**をふまえて文章で説明しなさい。

花　子：黒板に画用紙をつけるとき、**図8**のようなシートを使うことがあるね。

太　郎：そのシートの片面《かためん》は磁石になっていて、黒板につけることができるね。反対の面には接着剤《せっちゃくざい》がぬられていて、画用紙にそのシートを貼《は》ることができるよ。

花　子：磁石となっている面は、N極とS極のどちらなのですか。

先　生：磁石となっている面にまんべんなく鉄粉をふりかけていくと、鉄粉は**図9**のように平行なすじを作って並《なら》びます。これは、**図10**のようにN極とS極が並んでいるためです。このすじと平行な方向を、A方向としましょう。

太　郎：接着剤がぬられている面にさまざまな重さのものを貼り、磁石となっている面を黒板につけておくためには、どれぐらいの大きさのシートが必要になるのかな。

花　子：シートの大きさを変えて、**実験2**をやってみましょう。

図8　シートと画用紙

図9　鉄粉の様子

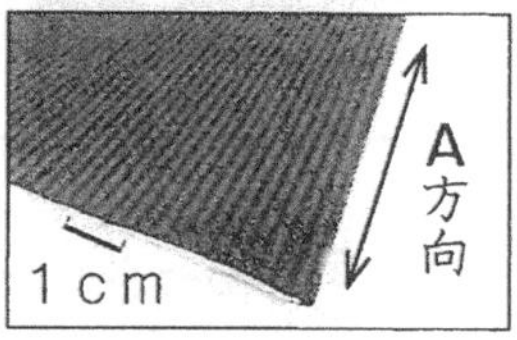

図10　N極とS極

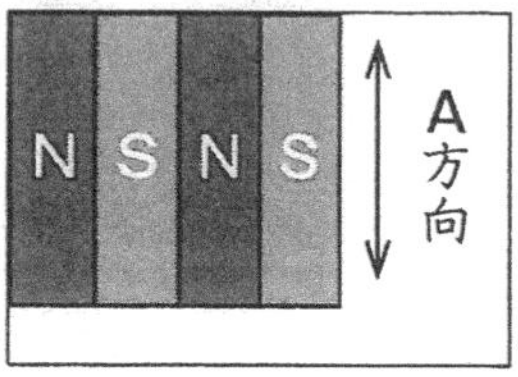

二人は次の手順で**実験2**を行い、その記録は**表1**のようになりました。

実験2

手順1　表面が平らな黒板を用意し、その黒板の面を地面に垂直に固定する。

手順2　シートの一つの辺がA方向と同じになるようにして、1辺が1cm、2cm、3cm、4cm、5cmである正方形に、シートをそれぞれ切り取る。そして、接着剤がぬられている面の中心に、それぞれ10cmの糸の端《はし》を取り付ける。

手順3　**図11**のように、1辺が1cmの正方形のシートを、A方向が地面に垂直になるように磁石の面を黒板につける。そして糸に10gのおもりを一つずつ増やしてつるしていく。おもりをつるしたシートが動いたら、その時のおもりの個数から一つ少ない個数を記録する。

手順4　シートをA方向が地面に平行になるように、磁石の面を黒板につけて、手順3と同じ方法で記録を取る。

手順5　1辺が2cm、3cm、4cm、5cmである正方形のシートについて、手順3と手順4を行う。

図11　**実験2**の様子

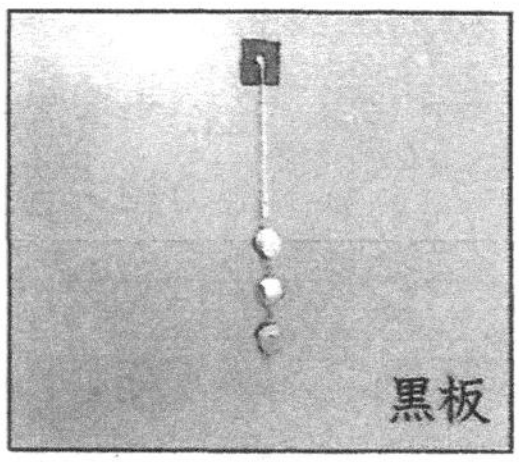

表1　**実験2**の記録

正方形のシートの1辺の長さ（cm）	1	2	3	4	5
A方向が地面に垂直《すいちょく》なときの記録（個）	0	2	5	16	23
A方向が地面に平行なときの記録（個）	0	2	5	17	26

太　郎：さらに多くのおもりをつるすためには、どうするとよいのかな。

花　子：おもりをつるすシートとは別に、シートをもう１枚《まい》用意し、磁石の面どうしをつけるとよいと思うよ。

先　生：それを確かめるために、**実験２**で用いたシートとは別に、一つの辺がＡ方向と同じになるようにして、１辺が１ｃｍ、２ｃｍ、３ｃｍ、４ｃｍ、５ｃｍである正方形のシートを用意しましょう。次に、そのシートの接着剤がぬられている面を動かないように黒板に貼って、それに同じ大きさの**実験２**で用いたシートと磁石の面どうしをつけてみましょう。

太　郎：それぞれのシートについて、Ａ方向が地面に垂直であるときと、Ａ方向が地面に平行であるときを調べてみましょう。

二人は新しくシートを用意しました。そのシートの接着剤がぬられている面を動かないように黒板に貼りました。それに、同じ大きさの**実験２**で用いたシートと磁石の面どうしをつけて、**実験２**の手順３～５のように調べました。その記録は**表２**のようになりました。

表２　磁石の面どうしをつけて調べた記録

正方形のシートの１辺の長さ（ｃｍ）	１	２	３	４	５
Ａ方向が地面に垂直なシートに、 Ａ方向が地面に垂直なシートをつけたときの記録（個）	０	３	７	１６	２７
Ａ方向が地面に平行なシートに、 Ａ方向が地面に平行なシートをつけたときの記録（個）	１	８	１９	４３	５０
Ａ方向が地面に垂直なシートに、 Ａ方向が地面に平行なシートをつけたときの記録（個）	０	０	１	２	３

〔問題２〕（１）　１辺が１ｃｍの正方形のシートについて考えます。Ａ方向が地面に平行になるように磁石の面を黒板に直接つけて、**実験２**の手順３について２ｇのおもりを用いて調べるとしたら、記録は何個になると予想しますか。**表１**をもとに、考えられる記録を一つ答えなさい。ただし、糸とシートの重さは考えないこととし、つりさげることができる最大の重さは、１辺が３ｃｍ以下の正方形ではシートの面積に比例するものとします。

（２）　次の①と②の場合の記録について考えます。①と②を比べて、記録が大きいのはどちらであるか、解答らんに①か②のどちらかを書きなさい。また、①と②のそれぞれの場合についてＡ方向とシートの面のＮ極やＳ極にふれて、記録の大きさにちがいがでる理由を説明しなさい。

①　Ａ方向が地面に垂直なシートに、Ａ方向が地面に平行なシートをつける。

②　Ａ方向が地面に平行なシートに、Ａ方向が地面に平行なシートをつける。

適性検査Ⅰ

注意

1 問題は［1］のみで、**5ページ**にわたって印刷してあります。

2 検査時間は**四十五分**で、終わりは**午前九時四十五分**です。

3 声を出して読んではいけません。

4 答えは全て解答用紙に明確に記入し、**解答用紙だけを提出しなさい。**

5 答えを直すときは、きれいに消してから、新しい答えを書きなさい。

6 **受検番号**を解答用紙の決められたらんに記入しなさい。

②

東京都立立川国際中等教育学校

1

次の文章を読み、あとの問題に答えなさい。
（＊印のついている言葉には本文のあとに〔注〕があります。）

＊タイの海岸に打ち上げられたクジラの胃から、80枚《まい》をこえるプラスチックの袋《ふくろ》がでてきたというニュースが、2018年6月に流れました。5月末に打ち上げられたこのオスのクジラは、残念ながら死んでしまいました。そこで、おなかを切り開いて調べてみたところ、こんなにたくさんの袋がみつかったというのです。重さにして約8キログラムにもなったといいます。この「プラスチックの袋」って、いったいなんだと思う？

きみたちも見たことがあるはずです。スーパーマーケットやコンビニエンスストアなどで買い物をすると、うすくて白っぽい「レジ袋」に入れてくれるよね。これが、代表的な「プラスチックの袋」なんだ。

クジラは、これらの袋をえさとまちがえて飲みこんだ可能性があります。プラスチックの袋をたくさん飲みこんでしまったために、ほんとうに必要な栄養をえさからとることができなくなって死んだらしいのです。

もちろん、プラスチックの袋は海で作られたわけではありません。陸に住んでいるわたしたち人間が作り、そして使ったものです。それが海に出ていってしまったのです。

みなさんは、海水浴に行ったとき、使い終わったレジ袋をきちんと持ち帰りましたか。ごみ捨《す》て場でないところに置いてきてしまったことはないですか。こんなレジ袋は、風にふかれたり波にさらわれたりして、すぐ海に入ります。

それだけではありません。川の水は流れて海に出ていくので、川のまわりに捨てられたプラスチックの袋も、やがては海に出ていってしまいます。

つまり、わたしたちの生活から出たプラスチックの袋は、陸上できちんと処理《しょり》されないかぎり、やがては海に出ていってしまうものなのです。

それをクジラやウミガメがまちがえて食べる。わたしたちが便利な生活をするために使っているプラスチックの袋が、海の生き物たちを苦しめているのです。

このように、わたしたちが使ったプラスチックは、ごみとして海にたくさん流れていっています。たしかに、きれいな海がプラスチックのごみで汚《よご》れるのは困《こま》るけれど、わたしたちは陸で暮《く》らしているから、いったん海に流れ出たプラスチックごみは、わたしたちの生活にはあまり関係がない。そう思うでしょうか？

そんなことはけっしてありません。海に出たプラスチックのごみを、わたしたちは、まわりまわって食べてしまっている可能性があります。

プラスチックは、太陽の光をあびるとぼろぼろにこわれやすくなり、海では波の力で細かくくだけていきます。どんどんくだけて、大きさが5ミリメートルより小さくなったものを「マイクロプラスチック」といいます。「マイクロ」は、英語で「とても小さい」という意味です。

このマイクロプラスチックが、東京湾《とうきょうわん》を泳いでいるカタクチイワシの体内からみつかりました。2015年8月にとった64匹《ひき》のカタクチイワシを調べたところ、その約8割《わり》にあたる49匹からマイクロプラスチックがみつかったのです。えさと間違《まちが》えて食べてしまったようです。海岸から近い海に多く＊生息するカタクチイワシは、めざしやしらす干《ぼ》し、煮干《にぼ》しとして、わたしたちもよく食べています。ふくまれていたマイクロプラスチックは1匹あたり最大で15個、平均すると2・3個でした。合計150個のマイクロプラスチックで多かったのは、その86％にあたる129個の小さなかけらでしたが、7％の11個は「マイクロビーズ」でした。

マイクロビーズというのは、ふだん使う洗顔料《せんがんりょう》や歯みがきの中に入っている、プラスチックの非常に小さな粒《つぶ》のことです。顔を洗《あら》い流したり口をすすいだりすれば、このマイクロビーズは下水に流れこみます。それが下水《げすい》処理《しょり》場《じょう》でうまく取りのぞかれずに、海に出てしまったと考えられています。いまは、プラスチック製のマイクロビーズを使わないようにする動きがありますが、すでに使われたものが海にただよっているらしいのです。

カタクチイワシは、ふだんからわたしたちがよく食べる魚です。さきほど、ごみは流れて海に出るとお話ししました。ですが、このカタクチイワシの話からすると、海がごみの終着点ではないということですね。プラスチックはごみとなって海に出て、またわたしたちのところに、しかもわたしたちの体にもどってくることになります。

プラスチックは、このように世界中にごみとして広がってしまっています。プラスチックを作りだしているのは、わたしたち人間ですから、このまま放っておくわけにはいきません。世界のあちこちで、プラスチックごみを減らす取り組みが始まっています。

世界の＊主要国が地球全体の問題について考える＊首脳会議《しゅのうかいぎ》（G7）は2018年6月、それぞれ自分の国でプラスチックごみを減らす努力をしていこうという「海洋プラスチック*憲章《けんしょう》」をまとめました。プラスチックの使用を減らしていくことを、この場で世界に約束したのです。

その翌月《よくげつ》、世界的なコーヒーチェーンは、使いすてのプラスチック製ストローの使用を2020年でやめると発表しました。ハンバーガーチェーンも、*英国と*アイルランドでプラスチック製ストローを紙のストローにかえていくといいます。日本でも、こうした動きがでています。

プラスチックのごみやマイクロプラスチックについての話を、テレビのニュースや新聞で見聞きすることが増えてきました。テレビや新聞は、世の中でおきていることをなんでも伝えているのではありません。それが社会にとって大きな問題であり、みんなで解決の方法を考える必要があったり、一人ひとりがどうしたらよいかを考える助けになったりすることがらを選んで、ニュースとして伝えます。つまり、プラスチックのごみは、専門家《せんもんか》だけが考えればよいのではなく、みんなで考える必要がある問題だということです。

みなさんのまわりを、ちょっと見てみてください。シャープペンやボールペン。スーパーマーケットで売っている肉や魚の容器。*合成繊維《ごうせいせんい》でできた衣服。これらはすべてプラスチックです。プラスチックは、わたしたちの生活のいたるところに入りこんでいます。

ふだんの生活では、そのプラスチックがやがてどうなるのかを、あまり考えていないかもしれません。じょうぶで長く使えるというプラスチック製品の長所が、いったんごみになれば、自然に分解されることもなく、いつまでも地球を汚したままになるという短所に変わります。プラスチックは、ごみとして考えた場合、あつかいにくい、とても困ったものなのです。

プラスチックごみは、紙などのほかのごみとは分けて回収《かいしゅう》し、リサイクルすることがすすめられています。では、このリサイクルは、何のためにするのでしょうか。

たとえば、水では汚れが落ちにくいのでお湯を使ったとします。お湯をわかすにはエネルギーが必要です。エネルギー源《げん》として石油を使ったとすると、必要な石油の量は、そのプラスチック製品を石油から新しく作るより多いという見方もあります。リサイクルのためにきれいに洗おうとしてお湯を使うと、かえってたくさんの石油を使ってしまうことになるのです。

また、ジュースを売るとき、ペットボトルの代わりに、くりかえし使えるガラスのびんを使ったとしましょう。たしかにプラスチックの節約にはなりますが、重くなるので、トラックなどで運ぶときに、より多くのガソリンを使うことになります。プラスチックを使わないようにするためにガソリンをたくさん使うというのでは、何のためにプラスチックを節約しているのかわかりません。

食べ物を包むプラスチックは、その食べ物が傷《いた》まないようにする役目もはたしています。もしプラスチックを使わないことにすれば、食べ物が傷んだりくさったりしやすくなって、食べられずに捨てなければならない食べ物が増えるかもしれません。これも資源《しげん》のむだ使いです。

プラスチックをどのようにリサイクルすればよいのか。プラスチックをできるだけ使わないようにしたとき、かえってむだやごみが増えるのではないか。どうすれば資源の節約になり、しかも、プラスチックごみで汚れていない地球でくらすことができるのか。プラスチックは、わたしたちの生活に深く入りこんでいるだけに、さまざまな社会の問題とも結びついています。こうした問題に答えるには、プラスチックごみのことだけではなく、わたしたちの暮らしや社会のしくみ全体を考えていかなければなりません。わたしたちはこれから、どういう社会をどのようにして作っていけばよいのか。それは、わたしたち一人ひとりが考えなければならない問題です。

(保坂直紀《ほさかなおき》「クジラのおなかからプラスチック」による)

〈注〉

タイ――タイ王国のこと。

生息――生物がすんで生活していること。

主要国――世界のなかで中心となっている国々《くにぐに》。

首脳会議《しゅのうかいぎ》(G7)――(日本・アメリカ・イギリス・ドイツ・フランス・カナダ・イタリア)の7か国の大統領や首相《しゅしょう》たちが世界の問題について話し合う会議。

憲章《けんしょう》――理想として決めた、人々《ひとびと》にとって大切な決まり。

英国――イギリスのこと。

アイルランド――イギリスの主要部をなす島の西方にある島。

合成繊維《ごうせいせんい》――化学繊維《かがくせんい》のうち石油などからつくったもの。

〈問題1〉　「クジラの胃から、80枚《まい》をこえるプラスチックの袋《ふくろ》ができた」とありますが、これはなぜですか。五十五字以上七十字以内で書きなさい。

〈問題2〉　「海に出たプラスチックのごみを、わたしたちは、まわりまわって食べてしまっている」とありますが、「わたしたち」が「食べてしまっている」とはどういうことですか。五十五字以上七十字以内で書きなさい。

〈問題3〉　「わたしたちの生活に深く入りこんでいる」とありますが、プラスチックとわたしたちの生活とのかかわりの中でどのような問題点があり、その解決を目指す上でどのようなことを考えなければならないと思いますか。文章全体の内容にそって、四百二十字以上四百六十字以内で書きなさい。ただし、あとの条件にしたがうこと。

条件　次の三段落構成《さんだんらくこうせい》にまとめて書くこと

① 第一段落では、プラスチックとわたしたちの生活とのかかわりについて、本文の内容にそって述べる。また、そのときにプラスチックがわたしたちの生活とかかわっている理由についても述べること。

② 第二段落では、①で書いたことをふまえ、地球全体にえいきょうをあたえると考えられる問題点について述べる。

③ 第三段落では、②で書いたことの解決を目指すために必要なこと、および、あなたが日常生活の中で取り組めることを述べる。

※ 全体として四百二十字以上四百六十字以内で書き、各段落の分量は自分で考えること。

なお、次の《注意》にしたがって書きなさい。

《注意》
段落《だんらく》をかえたときの残りのますめは字数として数えます。
ただし、問題1・問題2は、一ますめから書き、段落をかえてはいけません。
、や。や「なども、それぞれ字数に数えます。

適性検査Ⅱ

注　意

1　問題は **1** から **3** までで、１７ページにわたって印刷してあります。

2　検査時間は４５分で、終わりは**午前１１時００分**です。

3　声を出して読んではいけません。

4　計算が必要なときは、この問題用紙の余白を利用しなさい。

5　答えは全て解答用紙に明確に記入し、**解答用紙だけを提出しなさい。**

6　答えを直すときは、きれいに消してから、新しい答えを書きなさい。

7　**受検番号**を解答用紙の決められたらんに記入しなさい。

東京都立立川国際中等教育学校

1　**先生**、**花子**さん、**太郎**《たろう》さんが、校内の６年生と４年生との交流会に向けて話をしています。

先　生：今度、学校で４年生との交流会が開かれます。６年生５９人は、制作した作品を展示《てんじ》して見てもらいます。また、４年生といっしょにゲームをします。

花　子：楽しそうですね。私《わたし》たち６年生は、この交流会に向けて一人１枚《まい》画用紙に動物の絵をかいたので、それを見てもらうのですね。絵を展示する計画を立てましょう。

先　生：みんなが絵をかいたときに使った画用紙の辺の長さは、短い方が４０ｃｍ、長い方が５０ｃｍです。画用紙を横向きに使って絵をかいたものを横向きの画用紙、画用紙を縦向《たてむ》きに使って絵をかいたものを縦向きの画用紙とよぶことにします。

太　郎：**図１**の横向きの画用紙と、**図２**の縦向きの画用紙は、それぞれ何枚《なんまい》ずつあるか数えてみよう。

花　子：横向きの画用紙は３８枚あります。縦向きの画用紙は２１枚です。全部で５９枚ですね。

太　郎：先生、画用紙はどこにはればよいですか。

先　生：学校に、**図３**のような縦《たて》２ｍ、横１．４ｍのパネルがあるので、そこにはります。
絵はパネルの両面にはることができます。

花　子：分かりました。ところで、画用紙をはるときの約束はどうしますか。

先　生：作品が見やすいように、画用紙をはることができるとよいですね。昨年は、次の〔**約束**〕にしたがってはりました。

図１　横向きの画用紙

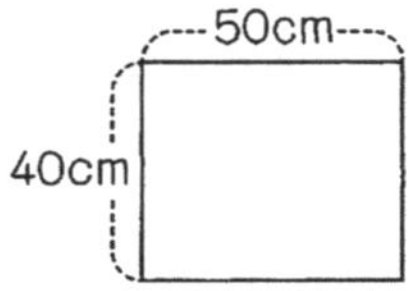

図２　縦向《たてむ》きの画用紙

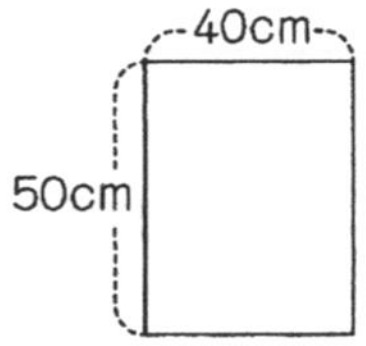

図３　パネル

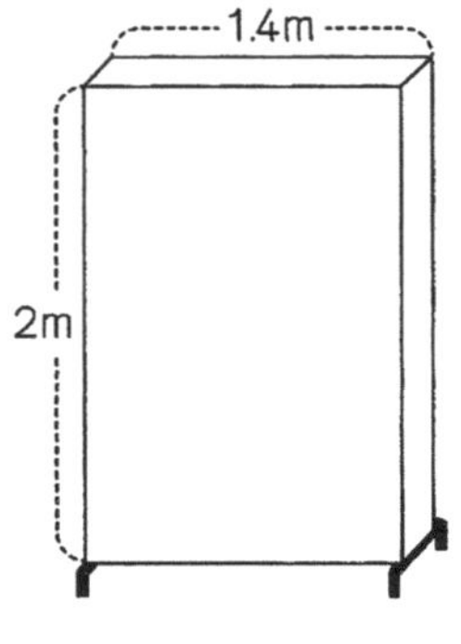

〔約束〕

(1)　**図4**のように、画用紙はパネルの外にはみ出さないように、まっすぐにはる。

(2)　パネルの一つの面について、どの行（横のならび）にも同じ枚数《まいすう》の画用紙をはる。また、どの列（縦《たて》のならび）にも同じ枚数の画用紙をはる。

(3)　１台のパネルに、はる面は２面ある。一つの面には、横向きの画用紙と縦向きの画用紙を混ぜてはらないようにする。

(4)　パネルの左右のはしと画用紙の間の長さを①、左の画用紙と右の画用紙の間の長さを②、パネルの上下のはしと画用紙の間の長さを③、上の画用紙と下の画用紙の間の長さを④とする。

(5)　長さ①どうし、長さ②どうし、長さ③どうし、長さ④どうしはそれぞれ同じ長さとする。

(6)　長さ①～④はどれも５ｃｍ以上で、５の倍数の長さ（ｃｍ）とする。

(7)　長さ①～④は、面によって変えてもよい。

(8)　一つの面にはる画用紙の枚数は、面によって変えてもよい。

図4　画用紙のはり方

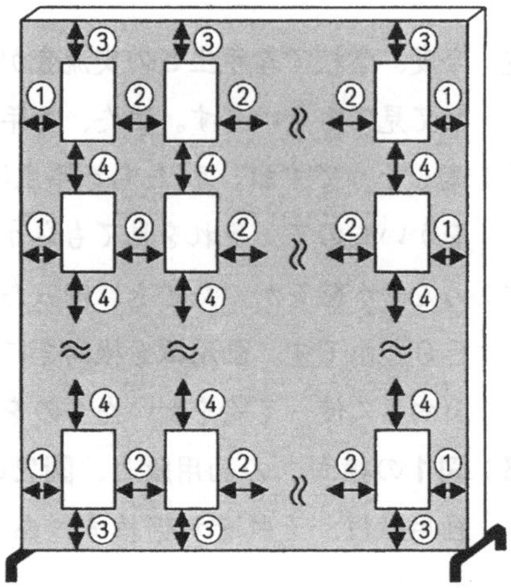

花　子：今年も、昨年の**〔約束〕**と同じように、パネルにはることにしましょう。

太　郎：そうだね。例えば、**図２**の縦向きの画用紙６枚を、パネルの一つの面にはってみよう。いろいろなはり方がありそうですね。

〔問題１〕　**〔約束〕**にしたがって、**図３**のパネルの一つの面に、**図２**で示した縦向《たてむ》きの画用紙６枚《まい》をはるとき、あなたなら、はるときの長さ①～④をそれぞれ何ｃｍにしますか。

花　子：次に、６年生の作品の、横向きの画用紙３８枚と、縦向きの画用紙２１枚のはり方を考えていきましょう。

太　郎：横向きの画用紙をパネルにはるときも、**〔約束〕**にしたがってはればよいですね。

花　子：先生、パネルは何台ありますか。

先　生：全部で８台あります。しかし、交流会のときと同じ時期に、５年生もパネルを使うので、交流会で使うパネルの台数はなるべく少ないほうがよいですね。

太　郎：パネルの台数を最も少なくするために、パネルの面にどのように画用紙をはればよいか考えましょう。

〔問題２〕**〔約束〕**にしたがって、６年生の作品５９枚をはるとき、パネルの台数が最も少なくなるときのはり方について考えます。そのときのパネルの台数を答えなさい。

また、その理由を、それぞれのパネルの面に、どの向きの画用紙を何枚ずつはるか具体的に示し、文章で説明しなさい。なお、長さ①～④については説明しなくてよい。

先　生：次は４年生といっしょに取り組むゲームを考えていきましょう。何かアイデアはありますか。

花　子：はい。図画工作の授業で、**図5**のような玉に竹ひごをさした立体を作りました。

この立体を使って、何かゲームができるとよいですね。

太　郎：授業のあと、この立体を使ったゲームを考えていたのですが、しょうかいしてもいいですか。

図5　玉に竹ひごをさした立体

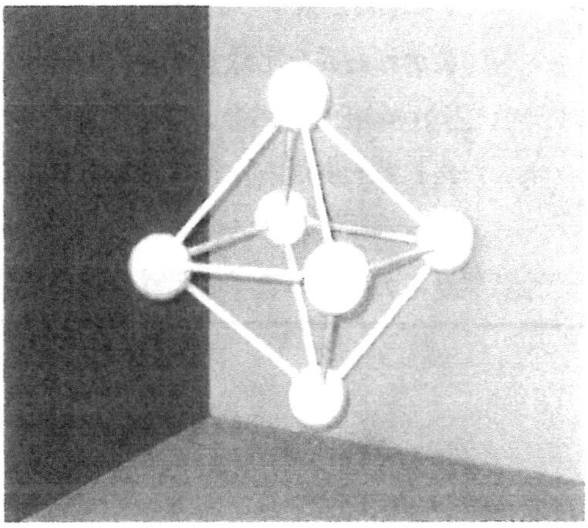

花　子：太郎さんは、どんなゲームを考えたのですか。

太　郎：**図6**のように、6個の玉に、**あ**から**か**まで一つずつ記号を書きます。また、12本の竹ひごに、0、1、2、3の数を書きます。**あ**からスタートして、サイコロをふって出た目の数によって進んでいくゲームです。

花　子：サイコロには**1**、**2**、**3**、**4**、**5**、**6** の目がありますが、竹ひごに書いた数は0、1、2、3です。どのように進むのですか。

太　郎：それでは、ゲームの**〔ルール〕**を説明します。

図6　記号と数を書いた立体

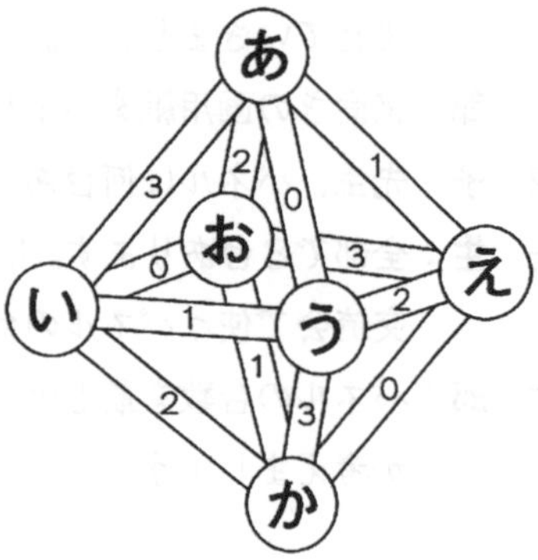

〔ルール〕

(1)　**あ**をスタート地点とする。

(2)　六つある面に、**1**～**6**の目があるサイコロを1回ふる。

(3)　(2)で出た目の数に20を足し、その数を4で割《わ》ったときの余りの数を求める。

(4)　(3)で求めた余りの数が書かれている竹ひごを通り、次の玉へ進む。また、竹ひごに書かれた数を記録する。

(5)　(2)～(4)をくり返し、**か**に着いたらゲームは終わる。
ただし、一度通った玉にもどるような目が出たときには、先に進まずに、その時点でゲームは終わる。

(6)　ゲームが終わるまでに記録した数の合計が得点となる。

太　郎：例えば、サイコロをふって出た目が**1**、**3** の順のとき、**あ**→**え**→**お**と進みます。その次に出た目が**5**のときは、**か**に進み、ゲームは終わります。そのときの得点は5点となります。

花　子：**5**ではなく、**6**の目が出たときはどうなるのですか。

太　郎：そのときは、**あ**にもどることになるので、先に進まずに、**お**でゲームは終わります。得点は4点となります。それでは、3人でやってみましょう。
まず私がやってみます。サイコロをふって出た目は、**1**、**3**、**4**、**5**、**3** の順だったので、サイコロを5回ふって、ゲームは終わりました。得点は8点でした。

先　生：私がサイコロをふって出た目は、**1**、**2**、**5**、**1** の順だったので、サイコロを4回ふって、ゲームは終わりました。得点は ［ア］ 点でした。

花　子：最後に私がやってみます。
サイコロをふって出た目は、［イ、ウ、エ、オ］ の順だったので、サイコロを4回ふって、ゲームは終わりました。得点は7点でした。3人のうちでは、太郎さんの得点が一番高くなりますね。

先　生：では、これを交流会のゲームにしましょうか。

花　子：はい。太郎さんがしょうかいしたゲームがよいと思います。

太　郎：ありがとうございます。交流会では、4年生と6年生で協力してできるとよいですね。4年生が楽しめるように、準備していきましょう。

〔問題3〕 **〔ルール〕**と会話から考えられる ［ア］ に入る数を答えなさい。また、［イ、ウ、エ、オ］ にあてはまるものとして考えられるサイコロの目の数を答えなさい。

2 　**花子**さんと**太郎《たろう》**さんは、図書室でバスについて**先生**と話をしています。

花　子：昨日、バスに乗ってとなりの駅に行ったとき、たくさんのバスが行き来していましたよ。
太　郎：たくさんのバスがあるということは、行き先がちがっていたり、バスの種類もいろいろあったりするのでしょうか。バスの種類や台数はどれぐらいあるのでしょう。
花　子：バスのことについて、調べてみましょう。

花子さんと太郎さんは、次の資料（**図1**、**図2**、**表1**）を見つけました。

図1　日本国内の乗合《のりあい》バスの合計台数の移り変わり

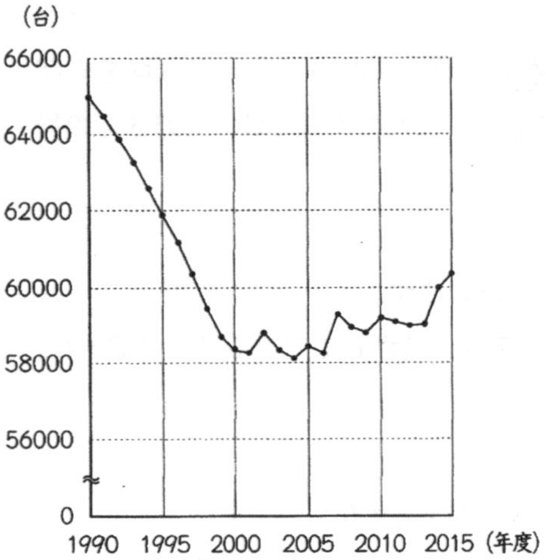

図2　日本国内の乗合バスが１年間に実際に走行したきょりの移り変わり

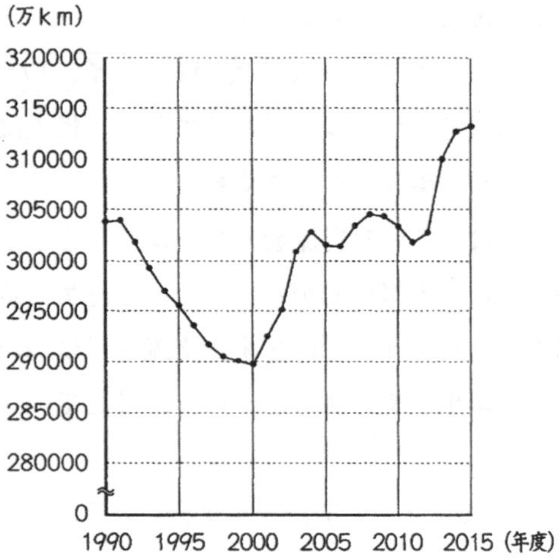

（公益社団法人日本バス協会「２０１８年度版（平成３０年度）日本のバス事業」より作成）

太　郎：資料に書いてある乗合《のりあい》バスとは、どんなバスのことですか。
先　生：バスの種類は大きく分けて、乗合バスと、貸切《かしきり》バスがあります。決められた経路を時刻表《じこくひょう》に従《したが》って走るバスは、乗客の一人一人が料金をはらいます。このようなバスを乗合バスといいます。６年生の校外学習などでは、学校でいらいをしたバスで見学コースをまわってもらいましたね。このようなバスを貸切バスといいます。

表１　乗合《のりあい》バスに関する主な出来事

	主な出来事
１９９５ （平成７）年度	●　東京都武蔵野市《むさしのし》で、地域《ちいき》の人たちの多様な願いにこまやかに応えるため、新しいバスサービス「コミュニティバス」の運行を開始した。
１９９６ （平成８）年度	●　都営バスなどがノンステップバスの導入を開始した。
１９９７ （平成９）年度	●　国がオムニバスタウン事業を開始した。（オムニバスタウン事業とは、全国から１４都市を指定し、バス交通を活用して、安全で豊かな暮《く》らしやすいまちづくりを国が支えんする制度のこと。）
２００１ （平成１３）年度	●　バスの営業を新たに開始したり、新たな路線を開設したりしやすくするなど、国の制度が改められた。また、利用そく進等のため、割引運賃《わりびきうんちん》の導入などのサービス改善《かいぜん》がはかられた。
２００６ （平成１８）年度	●　貸切《かしきり》バスで運行していた市町村のバスのサービスを、乗合《のりあい》バスでの運行と認《みと》めることや、コミュニティバスでは地域の意見を取り入れて運賃の設定ができるようにすることなど、国の制度が改められた。
２０１２ （平成２４）年度	●　都営バスの全車両がノンステップバスとなった。

（「国土交通白書」や「都営バスホームページ」などより作成）

花　子：コミュニティバスは小型のバスで、私《わたし》たちの地域《ちいき》でも走っていますね。

先　生：１９９５（平成７）年度以降《いこう》、コミュニティバスを導入する地域が増えて、２０１６（平成２８）年度には、全国の約８０％の市町村で、コミュニティバスが運行されているという報告もあります。小型のコミュニティバスは、せまい道路を走ることができるという長所があります。

太　郎：ノンステップバスとは、出入口に段差《だんさ》がないバスのことですね。

先　生：**図１**や**図２**の資料からどんなことが分かりますか。

花　子：１９９０年度から２０００年度までは、どちらの資料も減少を示していますね。

太　郎：２００１年度以降の変化も考えてみましょう。

〔問題１〕　１９９０年度から２０００年度までにかけて減少していた乗合バスの合計台数や１年間に実際に走行したきょりと比べて、２００１年度から２０１５年度にかけてどのような移り変わりの様子がみられるか、**図１**と**図２**のどちらかを選び、その図から分かる移り変わりの様子について、**表１**と関連付けて、あなたの考えを書きなさい。

太　郎：先日、祖父が最近のバスは乗りやすくなったと言っていたのだけれども、最近のバスは何か変化があるのでしょうか。

先　生：２０１２（平成２４）年度に都営バスの全車両がノンステップバスになったように、日本全国でもノンステップバスの車両が増えてきています。

花　子：私が昨日乗ったのもノンステップバスでした。

太　郎：図3の資料を見ると、車内に手すりがたくさんあるようですね。

先　生：ノンステップバスが増えてきた理由について、**表2**の資料をもとに考えてみましょう。

図3　乗合バスの様子

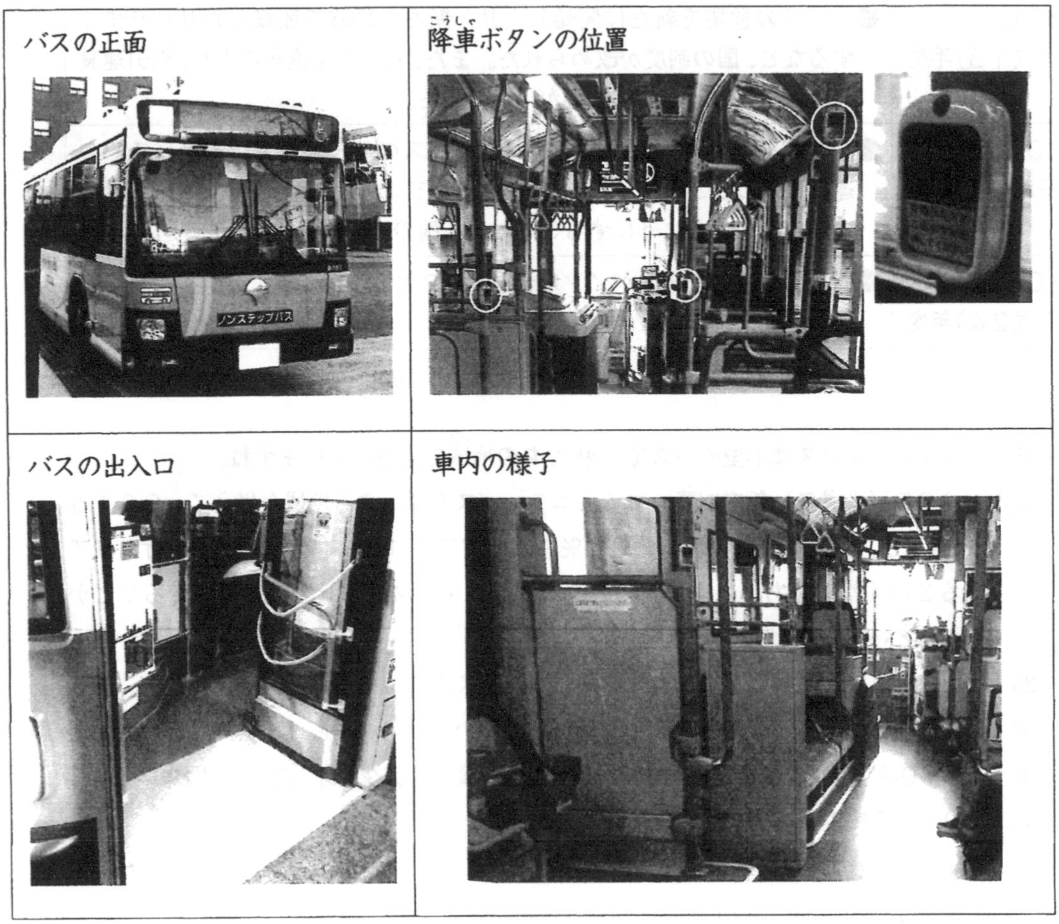

1

解答用紙　適性検査 I

（問題1）30点

70

55

（問題2）20点

70

55

（問題3）50点

※

受検番号

得点
※
※100点満点

※のらんには、記入しないこと

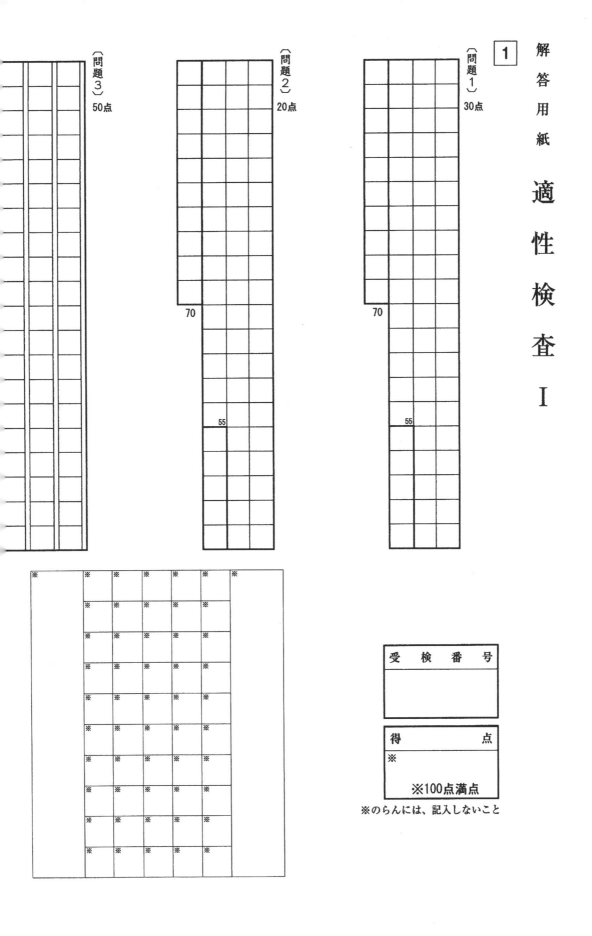

解答用紙　適性検査Ⅱ

受検番号	得点
	※ ※100点満点

※のらんには、記入しないこと

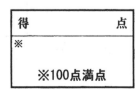

1

〔問題１〕10点

①	②	③	④
ｃｍ	ｃｍ	ｃｍ	ｃｍ

※

〔問題２〕14点

〔必要なパネルの台数〕

台

〔説明〕

※

〔問題３〕16点

〔ア に入る数〕

点

〔イ に入る数〕	〔ウ に入る数〕	〔エ に入る数〕	〔オ に入る数〕

※

2

〔問題１〕 10点

〔選んだ図〕

〔あなたの考え〕

※

〔問題２〕 8点

〔設計の工夫《くふう》〕（選んだ二つをそれぞれ ◯ で囲みなさい。）

出入口の高さ　　手すりの素材　　ゆかの素材　　降車《こうしゃ》ボタンの位置

車いすスペースの設置　　フリースペースの設置　　固定ベルトの設置

優先席《ゆうせんせき》の配置

〔期待されている役割《やくわり》〕

※

〔問題３〕 12点

〔課題〕

〔あなたの考え〕

※

3

〔問題１〕 6点

〔選んだプロペラ〕

〔示す値《あたい》のちがい〕 g

※

〔問題２〕 14点

（1）〔モーター〕 〔プロペラ〕

（2）〔選んだ予想〕 の予想

〔予想が正しくなる場合〕 あります ・ ありません

〔理由〕

※

〔問題３〕 10点

（1）

（2）

※

（2　立川国際）

460　420　400　300　200　1

※のらんには、記入しないこと

表2　２０１５（平成２７）年度以降《いこう》のノンステップバスの標準的な設計の工夫《くふう》の一部

・出入口の高さ	・車いすスペースの設置
・手すりの素材	・フリースペースの設置
・ゆかの素材	・固定ベルトの設置
・降車《こうしゃ》ボタンの位置	・優先席《ゆうせんせき》の配置

（公益社団法人日本バス協会「２０１８年度版（平成３０年度）日本のバス事業」より作成）

花　子：ノンステップバスは、いろいろな人が利用しやすいように、設計が工夫《くふう》されているようですね。

太　郎：このような工夫にはどのような役割《やくわり》が期待されているのでしょうか。

〔問題２〕　太郎さんが「このような工夫にはどのような役割《やくわり》が期待されているのでしょうか。」と言っています。**表２**から設計の工夫を二つ選び、その二つの工夫に共通する役割として、どのようなことが期待されているか、あなたの考えを書きなさい。

太　郎：バスの車両は、いろいろな人が利用しやすいように、工夫したつくりになっていることが分かりました。バスの車両以外にも、何か工夫があるのでしょうか。

花　子：私は、路面に「バス優先《ゆうせん》」と書かれた道路を見たことがあります。２車線の道路のうち、一方の道路には「バス優先」と書かれていました。

先　生：一般《いっぱん》の自動車も通行できますが、乗合バスが接近してきたときには、「バス優先」と書かれた車線から出て、道をゆずらなければいけないというきまりがあります。バス以外の一般の自動車の運転手の協力が必要ですね。

太　郎：**図４**のような資料がありました。この資料の説明には、「このシステムがある場所では、乗合バスからの信号を受信する通信機が設置されています。この通信機が乗合バスからの信号を感知すると、乗合バスの通過する時刻《じこく》を予測して、バスの進行方向の青信号が点灯している時間を長くしたり、赤信号の点灯している時間を短くしたりするなど、乗合バスが通過しやすくしています。」と書いてあります。この仕組みのことを「公共車両優先システム」というそうです。

図４　公共車両優先《ゆうせん》システム

（千葉県警察《ちばけんけいさつ》ホームページ「新交通管理システム・ＰＴＰＳ《ピーティーピーエス》調査報告」より作成）

先　生：「公共車両優先システム」は、乗合バスを常に青信号で通過させるための仕組みではありませんが、バスの信号待ちの時間を短くする効果があります。また、花子さんが見た「バス優先」の車線とあわせて利用されている場所もあるようです。

花　子：この仕組みがある場所では、バスが通過するときと、通過しないときとでは、青信号や赤信号の点灯時間が変わるというのはおもしろいですね。この仕組みがある場所では、実際にどのような変化がみられたのでしょうか。

先　生：ここに、**図５**、**図６**、**図７**の三つの資料があります。

図５　公共車両優先システムが導入された区間

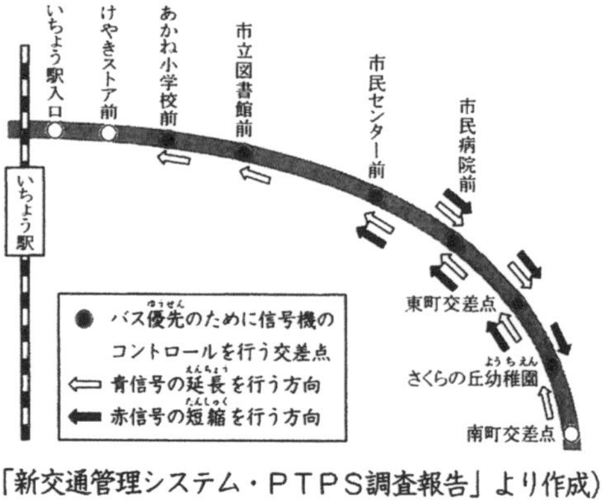

（千葉県警察ホームページ「新交通管理システム・ＰＴＰＳ調査報告」より作成）

図6　調査した区間のバスの平均運行時間

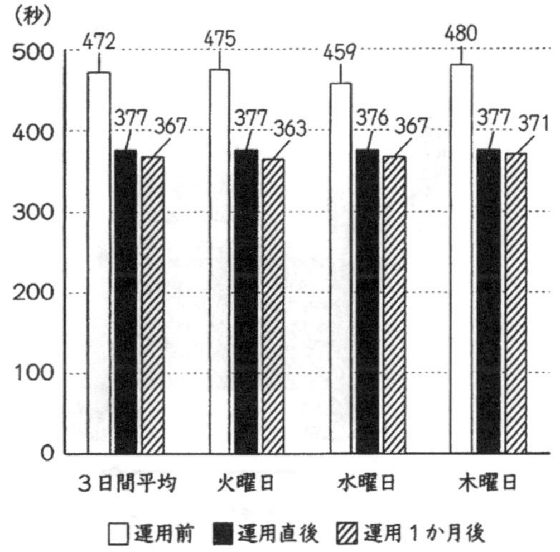

図7　時刻表《じこくひょう》に対するバスの運行状きょう（7分間の所要時間の経路を8分以内で運行した割合《わりあい》）

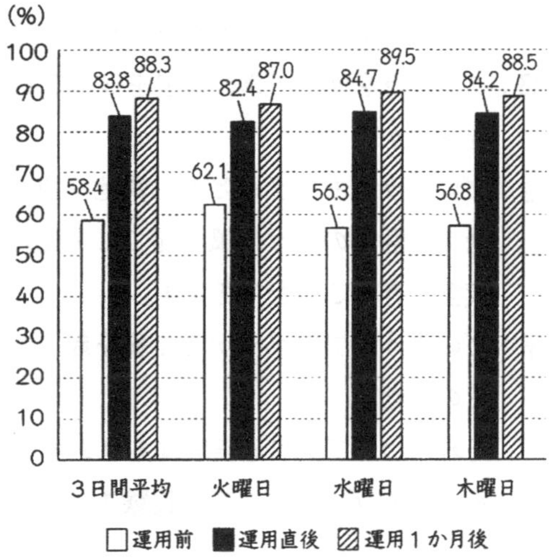

（千葉県警察ホームページ「新交通管理システム・ＰＴＰＳ調査報告」より作成）

太　郎：**図6**で、「公共車両優先システム」の運用前と運用後を比べると、調査した区間をバスで移動するときに、かかる時間が短縮《たんしゅく》されたようですね。

花　子：バスの時刻表に対しても、ほぼ時間どおりに運行しているようです。

太　郎：時間どおりにバスが運行してくれると便利だから、この仕組みをまだ導入していない地域があったら、導入していけばよいですね。

花　子：先生の話や、**図4**～**図7**の資料からは、「バス優先」の車線や「公共車両優先システム」がこのままでよいとはいえないと思います。

〔問題3〕　花子さんは、「先生の話や、**図4**～**図7**の資料からは、「バス優先」の車線や「公共車両優先システム」がこのままでよいとはいえないと思います。」と言っています。あなたは、「バス優先」の車線や「公共車両優先システム」にどのような課題があると考えますか。また、その課題をどのように解決すればよいか、あなたの考えを書きなさい。

3　**花子**さん、**太郎**《たろう》さん、**先生**が車の模型《もけい》について話をしています。

花　子：モーターで走る車の模型を作りたいな。

太　郎：プロペラを使って車の模型を作ることができますか。

先　生：プロペラとモーターとかん電池を組み合わせて、**図1**のように風を起こして走る車の模型を作ることができます。

花　子：どのようなプロペラがよく風を起こしているのかな。

太　郎：それについて調べる実験はありますか。

先　生：電子てんびんを使って、**実験1**で調べることができます。

花　子：**実験1**は、どのようなものですか。

先　生：まず、**図2**のように台に固定したモーターを用意します。それを電子てんびんではかります。

太　郎：はかったら、５４．１ｇになりました。

先　生：次に、**図3**のようにスイッチがついたかん電池ボックスにかん電池を入れます。それを電子てんびんではかります。

花　子：これは、４８．６ｇでした。

先　生：さらに、プロペラを**図2**の台に固定したモーターにつけ、そのモーターに**図3**のボックスに入ったかん電池をつなげます。それらを電子てんびんではかります。その後、電子てんびんにのせたままの状態でスイッチを入れると、プロペラが回り、電子てんびんの示す値《あたい》が変わります。ちがいが大きいほど、風を多く起こしているといえます。

太　郎：**表1**の**A～D**の４種類のプロペラを使って、**実験1**をやってみましょう。

図1　風を起こして走る車の模型《もけい》

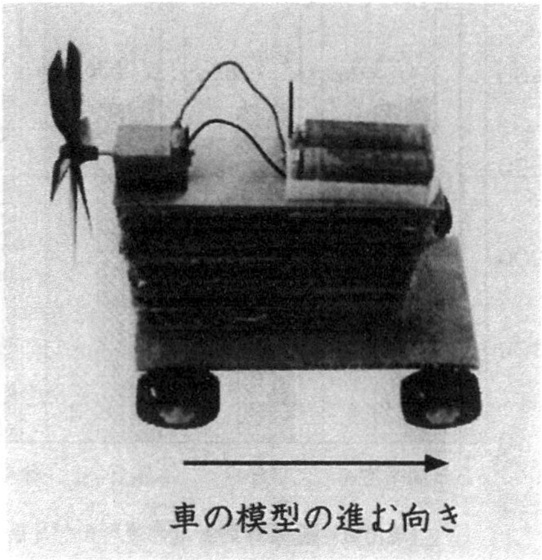

図2　台に固定したモーター

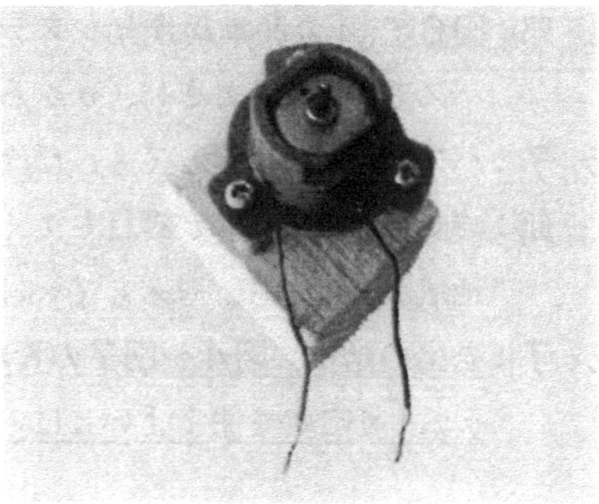

図3　ボックスに入ったかん電池

表1　4種類のプロペラ

	A	B	C	D
プロペラ				
中心から羽根のはしまでの長さ（cm）	5.4	4.9	4.2	2.9
重さ（g）	7.5	2.7	3.3	4.2

スイッチを入れてプロペラが回っていたときの電子てんびんの示す値は、**表2**のようになりました。

表2　プロペラが回っていたときの電子てんびんの示す値《あたい》

プロペラ	A	B	C	D
電子てんびんの示す値《あたい》（g）	123.5	123.2	120.9	111.8

〔問題1〕 **表1**の**A**～**D**のプロペラのうちから一つ選び、そのプロペラが止まっていたときに比べて、回っていたときの電子てんびんの示す値《あたい》は何gちがうか求めなさい。

花　子：**図１**の車の模型から、モーターの種類やプロペラの種類の組み合わせをかえて、**図４**のような車の模型を作ると、速さはどうなるのかな。

図４　車の模型

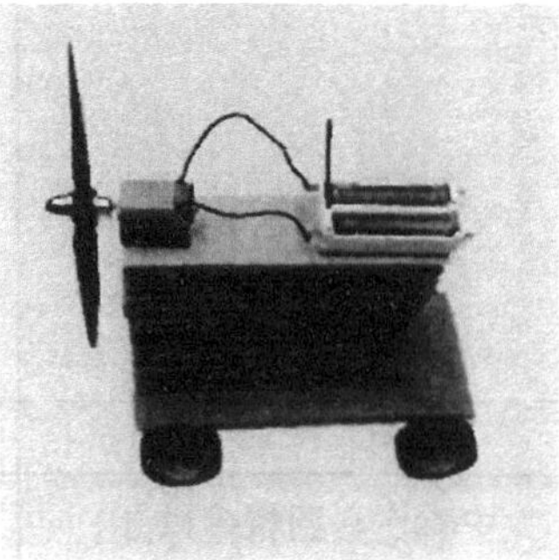

太　郎：どのようなプロペラを使っても、①モーターが軽くなればなるほど、速く走ると思うよ。

花　子：どのようなモーターを使っても、②プロペラの中心から羽根のはしまでの長さが長くなればなるほど、速く走ると思うよ。

太　郎：どのように調べたらよいですか。

先　生：**表３**の**ア**～**エ**の４種類のモーターと、**表４**の**E**～**H**の４種類のプロペラを用意して、次のような**実験２**を行います。まず、モーターとプロペラを一つずつ選び、**図４**のような車の模型を作ります。そして、それを体育館で走らせ、走り始めてから、５m地点と１０m地点の間を走りぬけるのにかかる時間をストップウォッチではかります。

表３　４種類のモーター

	ア	**イ**	**ウ**	**エ**
モーター	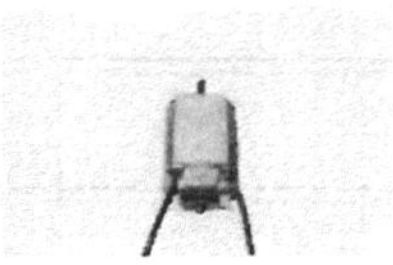			
重さ（g）	１８	２１	３０	４４

表４　４種類のプロペラ

	E	**F**	**G**	**H**
プロペラ		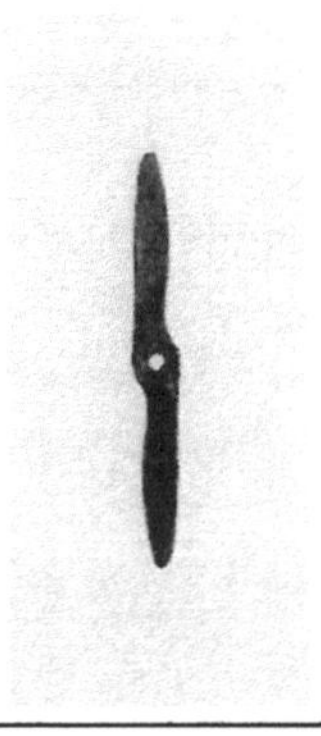	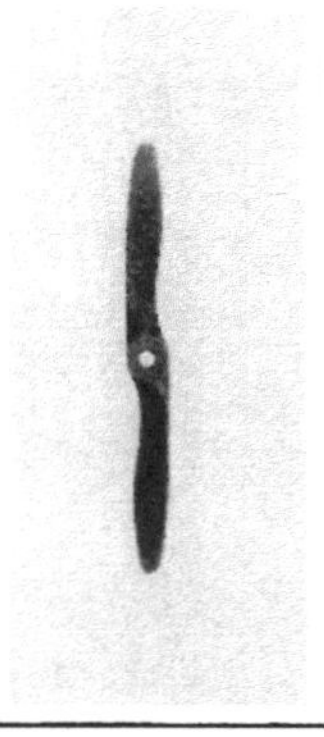	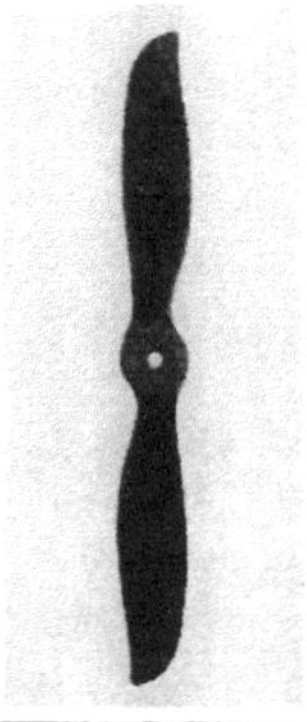
中心から羽根のはしまでの長さ（cm）	４．０	５．３	５．８	９．０

花　子：モーターとプロペラの組み合わせをいろいろかえて、**実験２**をやってみましょう。

実験２で走りぬけるのにかかった時間は、**表５**のようになりました。

表５　５ｍ地点から１０ｍ地点まで走りぬけるのにかかった時間（秒）

		モーター			
		ア	**イ**	**ウ**	**エ**
プロペラ	**E**	3.8	3.1	3.6	7.5
	F	3.3	2.9	3.2	5.2
	G	3.8	3.1	3.1	3.9
	H	4.8	4.0	2.8	4.8

〔問題２〕（１）**表５**において、車の模型が最も速かったときのモーターとプロペラの組み合わせを書きなさい。

（２）**表５**から、①の予想か②の予想が正しくなる場合があるかどうかを考えます。

太郎さんは、「①モーターが軽くなればなるほど、速く走ると思うよ。」と予想しました。①の予想が正しくなるプロペラは**E**～**H**の中にありますか。

花子さんは、「②プロペラの中心から羽根のはしまでの長さが長くなればなるほど、速く走ると思うよ。」と予想しました。②の予想が正しくなるモーターは**ア**～**エ**の中にありますか。

①の予想と②の予想のどちらかを選んで解答らんに書き、その予想が正しくなる場合があるかどうか、解答らんの「あります」か「ありません」のどちらかを丸で囲みなさい。また、そのように判断した理由を説明しなさい。

太　郎：モーターとプロペラを使わずに、ほを立てた車に風を当てると、動くよね。

花　子：風を車のななめ前から当てたときでも、車が前に動くことはないのかな。調べる方法は何かありますか。

先　生：**図5**のようにレールと車輪を使い、長方形の車の土台を動きやすくします。そして、**図6**のように、ほとして使う三角柱を用意します。次に、車の土台の上に**図6**の三角柱を立てて、**図7**のようにドライヤーの冷風を当てると、車の動きを調べることができます。

太　郎：車の動きを調べてみましょう。

二人は先生のアドバイスを受けながら、次のような１～４の手順で**実験３**をしました。

１　工作用紙で**図6**の三角柱を作る。その三角柱の側面が車の土台と垂直《すいちょく》になるように底面を固定し、車を作る。そして、車をレールにのせる。

２　**図8**のように、三角柱の底面の最も長い辺のある方を車の後ろとする。また、真上から見て、車の土台の長い辺に対してドライヤーの風を当てる角度をⓐとする。さらに、車の土台の短い辺と、三角柱の底面の最も長い辺との間の角度をⓘとする。

３　ⓐが２０°になるようにドライヤーを固定し、ⓘを１０°から７０°まで１０°ずつ変え、三角柱に風を当てたときの車の動きを調べる。

４　ⓐを３０°から８０°まで１０°ごとに固定し、ⓘを手順3のように変えて車の動きを調べる。

実験３の結果を、車が前に動いたときには○、後ろに動いたときには×、３秒間風を当てても動かなかったときには△という記号を用いてまとめると、**表6**のようになりました。

図5　レールと車輪と車の土台

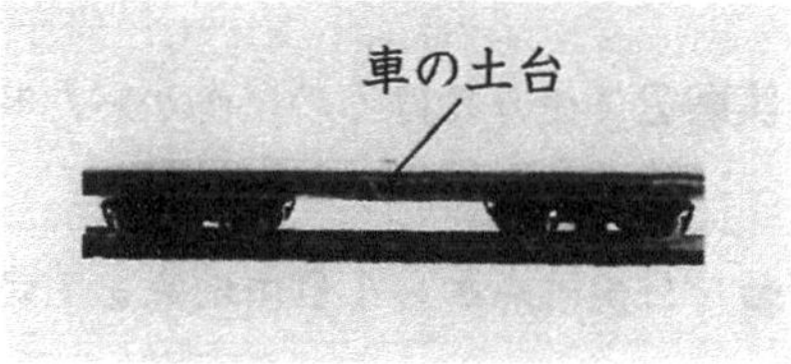

図6　ほとして使う三角柱

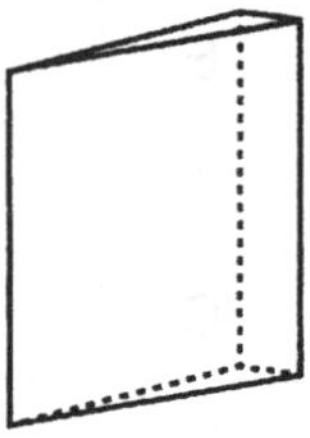

図7　車とドライヤー

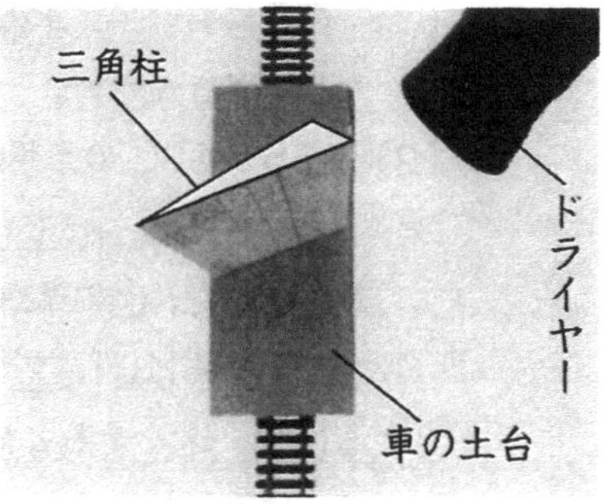

図8　**実験３**を真上から表した図

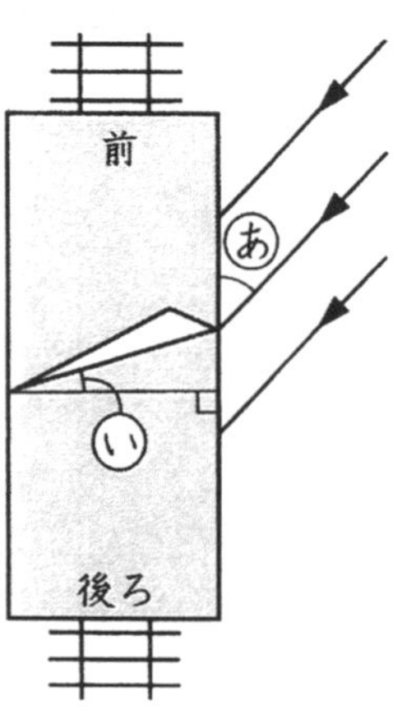

表6　実験3の結果

		(い)						
		10°	20°	30°	40°	50°	60°	70°
(あ)	20°	×	×	×	×	×	×	×
	30°	×	×	×	×	×	×	×
	40°	×	×	×	×	△	△	△
	50°	×	×	×	△	○	○	○
	60°	×	×	△	○	○	○	○
	70°	×	△	○	○	○	○	○
	80°	△	○	○	○	○	○	○

花　子：風をななめ前から当てたときでも、車が前に動く場合があったね。

太　郎：車が前に動く条件は、どのようなことに注目したら分かりますか。

先　生：(あ)と(い)の和に注目するとよいです。

花　子：表7の空らんに、○か×か△のいずれかの記号を入れてまとめてみよう。

表7　車の動き

		(あ)と(い)の和					
		60°	70°	80°	90°	100°	110°
(あ)	20°						
	30°						
	40°						
	50°						
	60°		★				
	70°						
	80°						

〔問題3〕（1）　**表7**の★に当てはまる記号を○か×か△の中から一つ選び、書きなさい。

（2）　**実験3**の結果から、風をななめ前から当てたときに車が前に動く条件を、あなたが作成した**表7**をふまえて説明しなさい。

㉛

適性検査Ⅰ

注意

1 問題は 1 のみで、**4ページ**にわたって印刷してあります。

2 検査時間は**四十五分**で、終わりは**午前九時四十五分**です。

3 声を出して読んではいけません。

4 答えは全て解答用紙に明確に記入し、**解答用紙だけを提出しなさい。**

5 答えを直すときは、きれいに消してから、新しい答えを書きなさい。

6 **受検番号**を解答用紙の決められたらんに記入しなさい。

東京都立立川国際中等教育学校

問題は次のページからです。

1 次の文章を読み、あとの問題に答えなさい。

（＊印のついている言葉には本文のあとに〔注〕があります。）

数年前から、日本では15歳《さい》以下の子どもの数より飼われている犬猫《いぬねこ》の数が上回ったといわれている。犬猫以外にもモルモットや小鳥、亀《かめ》、金魚など多種にわたるペットがいる。日本は世界でも有数なペット大国となった。

一方で、日本はロボット大国としても知られている。人間の代わりに重い荷物を運ぶ産業用ロボット、深海など危険《きけん》な場所で働く探索《たんさく》用ロボット、診療《しんりょう》や手術を補助《ほじょ》する医療《いりょう》用ロボットなど、さまざまな用途《ようと》で開発され、すでに実用化されているものもある。最近ひときわ注目を浴びているのがヒューマノイド（人間型）ロボットだ。

電池を＊搭載《とうさい》した手のひらサイズのミニロボットは、アメリカのグランドキャニオンの登頂《とうちょう》に成功した。乾電池《かんでんち》の性能を証明する試みだったが、見ている私《わたし》たちは、ロボットがロープを登るたびにがんばれと声援《せいえん》を送りたくなった。このロボットを製作した高橋智隆《たかはしともたか》氏によると、これからはロボットに仕事をしてもらうのではなく、ペットのようにつき合えるヒューマノイドの時代だという。

ロボットは20世紀初めに登場し、その後主体性を人間に委ねる機械として定義されるようになった。＊アイザック・アシモフのロボット三原則（人間への安全性、命令への服従《ふくじゅう》、自己防衛《じこぼうえい》）は有名である。それが時代を経て、人間に愛護される対象として生まれ変わろうとしているのだ。

私は、ペットや動物とロボットは＊対極的な存在《そんざい》だと思う。動物は人間とは姿形《すがたかたち》が違《ちが》うし、コミュニケーションの方法や求めていること、理解の仕方も異《こと》なる。それでも私たちは動物に話しかければ、彼《かれ》らなりの方法でそれにこたえてくれるはずだと思いこんでいる。単に私たちが彼らの反応を勝手に解釈《かいしゃく》しているだけかもしれないが、それを証明するのは難《むずか》しい。それに、そんなことを確かめなくても支《し》障《しょう》はない。ペットと共存《きょうぞん》できていれば、私たちは満足感を覚える。

ロボットは正反対だ。人間がつくったから、人間の計算通りに動いてくれなければ困《こま》る。仕事を効率よく安全に進めるために、不満を言うことなく、同じことを何度でもくり返してくれる。＊融通《ゆうずう》は利《き》かないが、人間の望む通りに改善《かいぜん》し動かすことができる。だから、その前で人間は不安を抱《いだ》かない。何トンもあるトラックが目の前に迫《せま》ってきても不安を感じないのに、ゾウが目の前に迫れば恐怖《きょうふ》にかられる。それはゾウの心が読めず、人に慣れていても何をするか完全には予測できないからだ。ヒューマノイドはいくら外見が人間に似ていても、機械である限りそのような不安を覚えずにすむ。ロボットは動物のような命や魂《たましい》をもっていないからである。

その常識がどうやら変わりはじめた。今、動物の姿《すがた》をしたロボットたちが人間の世界で活躍《かつやく》しはじめ、安全で手間のかからないペットとして人々《ひとびと》の心を癒《い》やしている。ヒューマノイドがそういった特徴《とくちょう》をもって人間の世界に入ってくるかもしれない。現代の技術では、人間の語りにロボットが反応するだけでなく、人間に語りかけてくれることも可能だそうだ。人間のしたいことを先回りして提案してくれるものもできつつある。ネット上の＊マーケットのように、その人の過去の注文にもとづいて次に求めるものを提案してくれるのである。

ペットの動物とロボットとの溝《みぞ》は急速に埋《う》まりつつある。ひょっとしたら、子どもの代わりにロボットをもつ人が増えるかもしれない。ロボットはいつまでも子どもでいてくれるし、不満を言わずに介護《かいご》までしてくれるからだ。

しかし、ロボットと動物の違いは重要だと私は思う。生物は自分が生きるために自己主張をし、成長し、やがて死んでいく。私たちに制《せい》御《ぎょ》できない自然の営みだ。それに寄《よ》り添《そ》い、共感することで、自分も生物であることを実感する。動物を完全には操作《そうさ》できないから、その主張を認《みと》め、相手を信頼《しんらい》しようとする。その心の動きは相手が人間であっても同じことだ。

ヒューマノイドの登場は人間が今、自己主張せずに気遣《きづか》ってくれるパートナーを求めていることを＊示唆《しさ》している。ただそれは、ロボットを人間にするのではなく、人間のロボット化、機械化を意味してはいないだろうか。

最近の人工知能（ＡＩ《エーアイ》）ブームは、人間のロボット化を加速しているような気がする。人工知能は膨大《ぼうだい》なデータを瞬時《しゅんじ》に分析《ぶんせき》することができ、深層学習《しんそうがくしゅう》によって必要なソフトを自動的に探《さが》しあて、適切な分析方法を考案することができる。今、さまざまな場所で利用されつつあり、生活は効率的に便利になってきている。それは喜ばしいことだが、同時に人間がＡＩ的になってきていることが＊危惧《きぐ》されているのだ。

ＡＩを東大に入学させようとするプロジェクトを実施《じっし》してきた新井《あらい》紀子《のりこ》さんは、ＡＩは文章の意味を理解することが苦手だという。ある言葉にまつわるこれまでのデータを検索《けんさく》し、それが使われてきた文脈に沿《そ》って解答するので、その言葉が使われているその文章の意味を読んでいるわけではないからだ。たとえば、おいしいイタリアンレストランを教えてと質問し、その後でまずいイタリアンレストランはと問うと、同じ場所を答えるという。レストランを探すとき、「まずい」という言葉がほとんど使われないので、「うまい」場所に＊収斂《しゅうれん》してしまうのである。

驚《おどろ》いたことに、日本の中高生にＡＩの苦手な質問をしてみると、かなりの割合《わりあい》で誤《あやま》って答えてしまうという。これは、子どもたちの頭脳《ずのう》がＡＩ的になっているせいだと新井さんは言う。文章の意味を考えずに、言葉を検索して頭のなかで個々《ここ》の＊属性だけをつなぎ合わせているのである。

これは、人間が言語を手にして以来、脳《のう》の中身を外部化してきた当然の、しかし大いに危惧すべき結果なのではないかと私は思う。

言語は、環境《かんきょう》を名づけ、それをもち運びせずに他者に伝える効率的なコミュニケーションである。見えないものを見せ、現実にはないものを想像させて、人間に*因果的な思考や*抽象的《ちゅうしょうてき》な概念《がいねん》をもたらした。文字は言葉を化石化させて時間や空間を超《こ》えて伝達できる道を開き、電子メディアの登場は画像や映像《えいぞう》の技術を革新《かくしん》して、人間の視覚《しかく》と聴覚《ちょうかく》の世界を急速に拡大《かくだい》した。これらの過程を通じて、人間はそれまで脳にとどめておいた記憶《きおく》や知識を外部の*データベースに収納《しゅうのう》し、そこにアクセスさえすればいつでも利用できるシステムを構築したのである。

少し前まで頭で覚えていたことが、今ではスマホのなかに納《おさ》まっている。友人の電話番号も、地理情報もこういったデータベースに頼《たよ》らざるを得なくなっている。生まれたときからスマホを手にしている子どもたちは、こういったICT《アイシーティー》社会に慣れてしまっている。そのうち、データを利用して考えることさえも、AIに任せてしまうようになりはしないだろうか。文章を読解する能力をもたなくても、AIさえあれば生きていける。でもそうなったとき、人間は動物ではなくロボットに近い存在になっているのではないだろうかと私には思えるのである。

（山極寿一《やまぎわじゅいち》「ゴリラからの警告《けいこく》『人間社会《にんげんしゃかい》、ここがおかしい』」による）

〔注〕

搭載《とうさい》 ―― つみこむこと。

アイザック・アシモフ ― アメリカの作家。

対極的 ―― 正反対。

融通《ゆうずう》は利《き》かない ―― その場や状況にうまく対応できない。

マーケット ―― 売り買いの場。

示唆《しさ》している ―― それとなく示している。

危惧《きぐ》されている ―― 悪くなるのではないかと心配されている。

収斂《しゅうれん》 ―― おさまること。

属性 ―― そのものがもともと持っている性質。

因果 ―― 原因があって結果があること。

抽象的《ちゅうしょうてき》な概念《がいねん》 ―― いくつかの物事を、似ているところに目をつけてひとまとめにし、改めてとらえなおされた性質や関係などの意味内容（「美」、「愛」、「正義」など）。

データベース ―― 情報を集めて、すぐにさがせるようにしたもの。

〈問題１〉「何トンもあるトラックが目の前に迫《せま》ってきても不安を感じないのに、ゾウが目の前に迫れば恐怖《きょうふ》にかられる」のはなぜですか。六十字以上七十字以内で書きなさい。

〈問題２〉「かなりの割合《わりあい》で誤《あやま》って答えてしまう」とありますが、どのように誤って答えてしまうのか。五十字以上六十字以内で書きなさい。

〈問題３〉「人間は動物ではなくロボットに近い存在になっているのではないだろうかと私には思えるのである。」とありますが、人間が「ロボットに近い存在になる」ということは何を失うことだと本文から読みとれますか。また、そのことについて、あなたはどう思いますか。見たこと、聞いたことなどの中から具体的な一例をあげてあなたの考えを四百六十字以上五百字以内で書きなさい。

なお、次の《注意》にしたがって書きなさい。

《注意》

段落《だんらく》をかえたときの残りのますめは字数として数えます。

ただし、問題１・問題２は、一ますめから書き、段落をかえてはいけません。

、や。や「なども、それぞれ字数に数えます。

適性検査Ⅱ

注　　意

1　問題は 1 から 3 までで、18ページにわたって印刷してあります。

2　検査時間は45分で、終わりは午前11時00分です。

3　声を出して読んではいけません。

4　計算が必要なときは、この問題用紙の余白を利用しなさい。

5　答えは全て解答用紙に明確に記入し、**解答用紙だけを提出しなさい。**

6　答えを直すときは、きれいに消してから、新しい答えを書きなさい。

7　**受検番号**を解答用紙の決められたらんに記入しなさい。

東京都立立川国際中等教育学校

問題を解くときに、問題用紙や解答用紙、ティッシュペーパーなどを実際に折ったり切ったりしてはいけません。

1　**先生**、**太郎《たろう》**さん、**花子**さんが、学校生活最後のお楽しみ会の準備をしています。

先　生：お楽しみ会では、クラスのみなさんでできる遊びを行いましょう。遊び方をしおりにまとめて、クラスのみなさんに配ろうと思います。１枚《まい》の紙の片面《かためん》から左とじのしおり（**図１**）を作りましょう。

太　郎：１枚の紙の片面からしおりを作ることができるのですか。

花　子：しおりの作り方（**図２**）によると、１枚の紙を ----- で折り、━━━━ を切って、折りたたむと、しおりを作ることができるみたいよ。

図１　左とじのしおり

図２　しおりの作り方

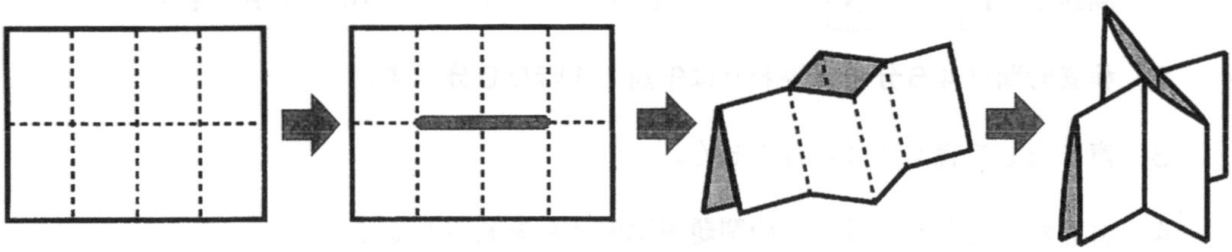

先　生：お楽しみ会では二つの遊びを行います。しおりができたら、表紙を１ページとして、最初の遊びの説明を２ページから４ページに、次の遊びの説明を５ページから７ページにのせましょう。８ページは裏表紙《うらびょうし》になります。

太　郎：折りたたみ方によって、しおりの表紙がくる位置や５ページがくる位置が変わってくるね。

花　子：それに、文字の上下の向きも変わってくるね。しおりにしたときにすべてのページの文字の向きがそろうように書かないといけないね。

先　生：そうですね。では、１枚の紙を折りたたみ、しおりにする前の状態（**図３**）で、しおりの表紙や５ページがどの位置にくるのか、またそれぞれ上下どの向きで文字を書けばよいのかを下書き用の用紙に書いて確かめておきましょう。

〔問題１〕　１枚の紙を折りたたみ、左とじのしおり（**図１**）を作るとき、しおりの表紙と５ページは、しおりにする前の状態（**図３**）ではどの位置にくるのでしょうか。また、それぞれ上下どちらの向きで文字を書けばよいですか。

解答用紙の図の中に、表紙の位置には「表」という文字を、５ページの位置には「五」という文字を**図４**のように文字の上下の向きも考え、書き入れなさい。

図３　しおりにする前の状態

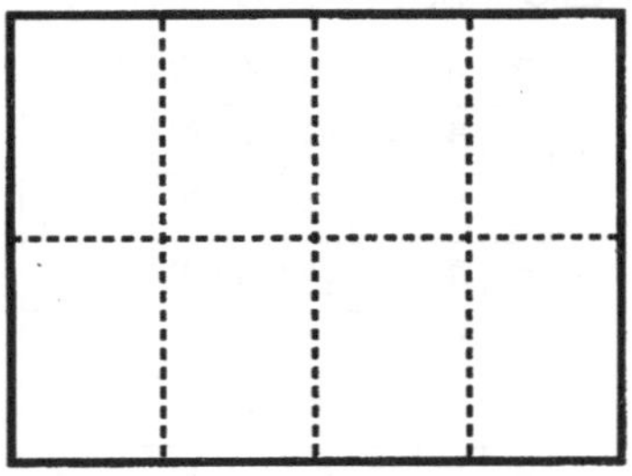

図４　文字の書き方

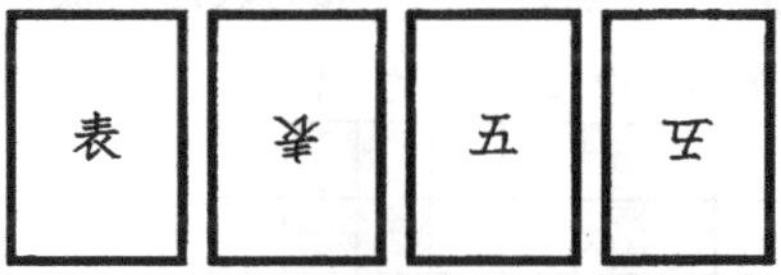

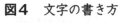

先　生：しおりの２ページから４ページには、「白と黒の２色でぬられた模様《もよう》を漢字や数字で相手に伝える遊び方」の説明をのせます。

花　子：どのような遊びですか。

先　生：例えば、伝える人は模様（**図５**）を漢字で表現（**図６**）します。答える人は、伝えられた表現から模様を当てるという遊びです。横の並《なら》びを「行」といい、縦《たて》の並びを「列」といいます。

図５　白と黒の２色でぬられた模様《もよう》

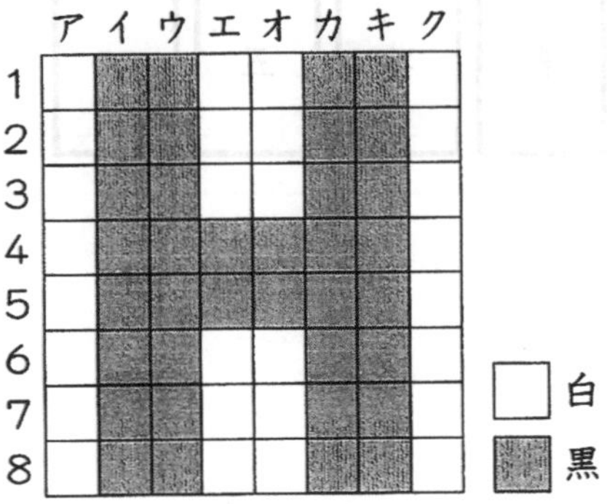

図６　漢字で表現した模様

	ア	イ	ウ	エ	オ	カ	キ	ク
1	白	黒	黒	白	白	黒	黒	白
2	白	黒	黒	白	白	黒	黒	白
3	白	黒	黒	白	白	黒	黒	白
4	白	黒	黒	黒	黒	黒	黒	白
5	白	黒	黒	黒	黒	黒	黒	白
6	白	黒	黒	白	白	黒	黒	白
7	白	黒	黒	白	白	黒	黒	白
8	白	黒	黒	白	白	黒	黒	白

太　郎：全部で６４個の漢字を使って模様を表現していますね。６４個も答える人に伝えるのは大変ではないでしょうか。

先　生：そうですね。ではここで、数字も取り入れて、１行ずつ考えていくと（約束１）、より少ない漢字と数字の個数で模様を表現することができますよ。

> 約束１
>
> ①上から１行ごとに、左から順にますの漢字を見る。
>
> ②漢字が白から始まるときは「白」、黒から始まるときは「黒」と最初だけ漢字を書く。
>
> ③白または黒の漢字が続く個数を数字で書く。

花　子：図６の模様については、１行めは白から始まるから、最初の漢字は「白」になりますね。左から白が１個、黒が2個、白が2個、黒が2個、白が１個だから、

白１２２２１

という表現になります。漢字と数字を合わせて６個の文字で表現できますね。2行めと3行めも１行めと同じ表現になりますね。

先　生：そうですね。４行めと５行めは、白から始まり、白が１個、黒が６個、白が１個ですから、

白１６１

という表現になります。

太　郎：６行めから８行めも１行めと同じ表現になりますね。そうすると、漢字と数字を合わせて４４個の文字で**図６**の模様を表現できました(**図７**)。約束１ を使うと**図６**よりも２０個も文字を少なくできましたね。漢字と数字の合計の個数をもっと少なくすることはできないのかな。

先　生：別の約束を使うこともできますよ。今度は、１列ずつ考えていきます（約束２）。

図７　約束１ を使った表現

白１２２２１
白１２２２１
白１２２２１
白１６１
白１６１
白１２２２１
白１２２２１
白１２２２１

約束２

①ア列から１列ごとに、上から順にますの漢字を見る。
②文字が白から始まるときは「白」、黒から始まるときは「黒」と最初だけ漢字を書く。
③白または黒の漢字が続く個数を数字で書く。

花　子：**図６**の模様については、**図８**のように表現できるから、漢字と数字を合わせて２０個の文字で模様を表現できました。約束１ に比べて 約束２ を使ったほうが、２４個も文字を少なくできましたね。
伝える人は、約束２ を使って答える人に模様を伝えるのがよいと思います。

先　生：どのような模様であっても 約束２ で表現するのがよいのでしょうか。別の模様でも考えてみましょう。

図８　約束２ を使った表現

白	黒	黒	白	白	黒	黒	白
８	８	８	３	３	８	８	８
			２	２			
			３	３			

〔問題２〕　**図９**はある模様を 約束１ で表現したものです。この模様を 約束２ で表現したとき、漢字と数字の合計の個数がいくつになるのかを答えなさい。
　また、約束１ と 約束２ のどちらを使ったほうが表現する漢字と数字の合計の個数が少なくできるのか答えなさい。さらに、少なくできる理由を説明しなさい。考えるときに**図１０**を使ってもよい。

図９　約束１ を使った表現

白８
黒７１
黒１７
白１１６
白２１５
白１１６
黒１７
黒８

図１０

	ア	イ	ウ	エ	オ	カ	キ	ク
１								
２								
３								
４								
５								
６								
７								
８								

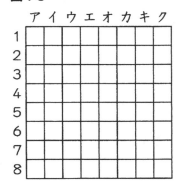

先　生：しおりの５ページから７ページには、**図１１**のような「磁石《じしゃく》がついているおもちゃ（てんとう虫型）を鉄製の箱の表面で動かす遊び方」の説明をのせます。
図１２のように鉄製の箱の表面にはますがかかれていて、使う面は前面と上面と右面だけです。

図１１

図１２

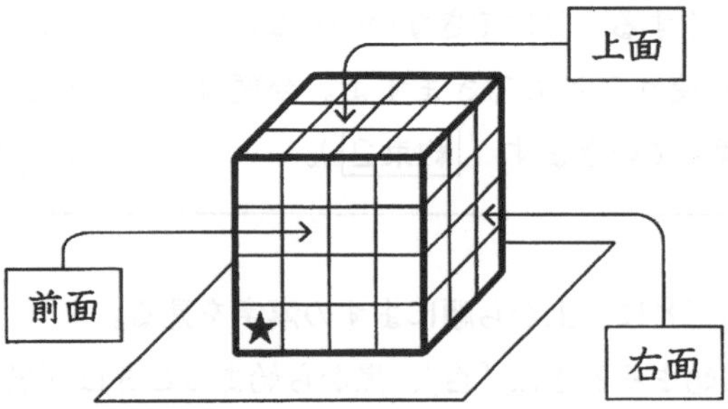

太　郎：どのような遊びですか。
先　生：**表１**にあるカードを使って、「★」の位置から目的の位置まで、指定されたカードの枚数でちょうど着くようにおもちゃを動かす遊びです。最初に、おもちゃを置く向きを決めます。次に、おもちゃを動かすカードの並べ方を考えます。同じカードを何枚使ってもかまいませんし、使わないカードがあってもかまいません。では、まずはカードの枚数を気にしないでやってみましょう。例えば、目的の位置を「う」の位置とします（**図１３**）。**表１**をよく読んで、おもちゃの動かし方を考えてみてください。

表１

カード番号	カード	おもちゃの動かし方
①		同じ面で１ます前に動かす
②		同じ面で２ます前に動かす
③		そのままで右に９０度回転させる
④		そのままで左に９０度回転させる
⑤		面を変えながら１ます前に動かす

図１３

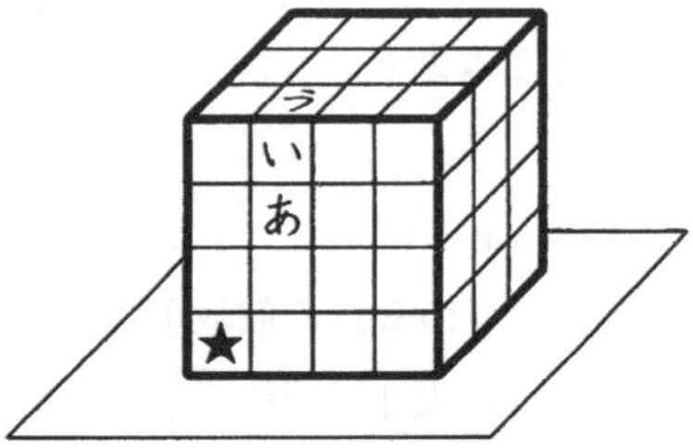

太　郎：私《わたし》は、最初におもちゃを**図１４**のように置いて、このように考えました。

図１４

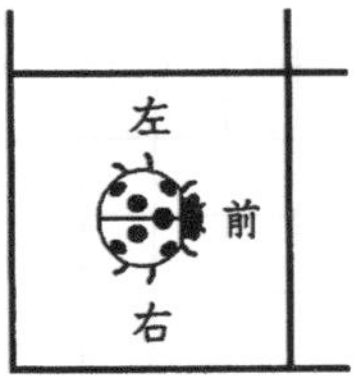

（カード番号　①　④　②　①　⑤　）

先　生：そうですね。「あ」の位置でまずのカードを使って「い」の位置に動かし、それからのカードを使って面を変えながら１ます前に動かすことで「う」の位置にたどりつきます。

花　子：私は、最初におもちゃを**図１５**のように置いて、このように考えました。

図１５

（カード番号　②　①　③　①　④　⑤　）

先　生：そうですね。花子さんの並べ方では、「い」の位置でまずのカードを使っておもちゃの向きを変え、それからのカードを使って面を変えながら１ます前に動かすことで「う」の位置にたどりつきます。

花　子：お楽しみ会ではカードの枚数を指定して遊びましょう。

太　郎：お楽しみ会の日が待ち遠しいですね。

〔問題３〕　**図１６**のように「★」の位置から「え」の位置を必ず通るようにして、「お」の位置までおもちゃを動かします。**表１**のカードを１０枚使って、おもちゃを動かすとき、使うカードの種類とカードの並《なら》べ方を考えなさい。

最初に、「★」の位置に置くおもちゃの向きを**図１７**から選び、解答用紙の（　）内に○をつけなさい。

次に、おもちゃを動かすカードの並べ方を、**表１**にある①から⑤のカード番号を使って左から順に書きなさい。

図１６

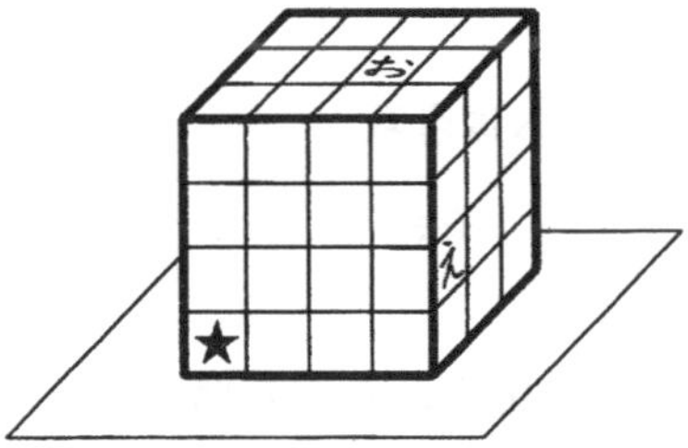

図１７

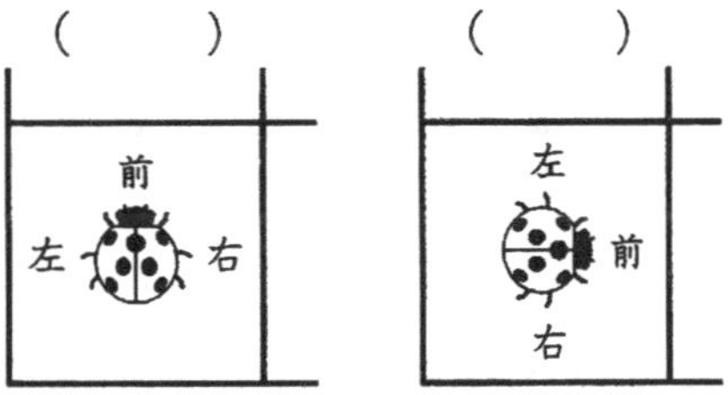

2 校外学習で昼食時におとずれた都立公園で**花子**さんと**太郎**《たろう》さんが、外国人旅行者について話をしています。

花　子：都立公園には外国人が大勢見学におとずれているね。

太　郎：先生も、最近は日本をおとずれる外国人の数が増えていると言っていたよ。

花　子：日本をおとずれる外国人の数はいつごろから多くなってきたのかな。

太　郎：私《わたし》たちが生まれたころと比べて、どのくらい増えているのだろうか。

花　子：日本をおとずれる外国人の数の変化を調べてみようよ。

太　郎：国外に行く日本人もたくさんいるだろうから、日本をおとずれる外国人の数と比べてみるのもおもしろそうだよ。校外学習から帰ったら、調べてみよう。

花子さんと太郎さんは、校外学習の後、図書館に行き、次の資料（**図1**）を見つけました。

図1　日本人の出国者数と、日本への外国人の入国者数の移り変わり

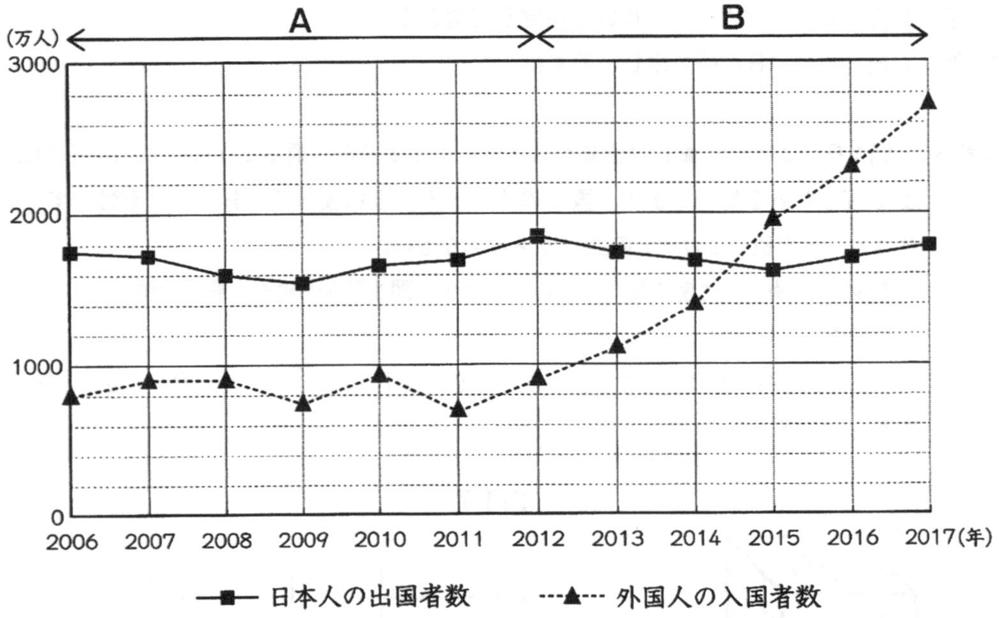

（法務省の資料より作成）

花　子：2006（平成18）年から2012（平成24）年までの間（**図1**の**A**の期間）では、［（あ）］。2012（平成24）年は日本人の出国者数は、外国人の入国者数の約［（い）］倍であることが分かるね。

太　郎：2012（平成24）年から2017（平成29）年までの間（**図1**の**B**の期間）では、［（う）］。外国人の入国者数は、2017（平成29）年には2012（平成24）年と比べて約［（え）］倍になっていることが分かるね。

〔問題1〕　花子さんと太郎さんは、**図1**をもとに日本人の出国者数と、日本への外国人の入国者数を比べて、それぞれの変化のようすについて話し合っています。二人の会話中の（あ）から（え）の空らんのうち（あ）と（う）には当てはまる文を、（い）と（え）には当てはまる整数を答えなさい。

花　子：観光を目的として日本をおとずれる外国人旅行者について、調べてみようよ。

太　郎：日本をおとずれる外国人旅行者について、こんな資料（**図2**）があったよ。この資料の「延《の》べ宿はく者数」は、例えば一人が2はくした場合を2として数えているよ。

図2　外国人旅行者の延《の》べ宿はく者数の移り変わり

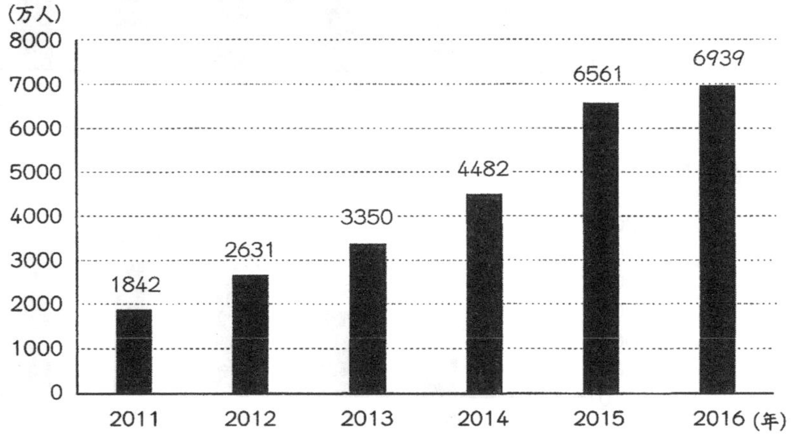

（観光庁《かんこうちょう》「宿泊《しゅくはく》旅行統計調査」より作成）

太　郎：外国人旅行者の延べ宿はく者数が2011（平成23）年には約1842万人だったのに対し、2016（平成28）年には約6939万人になっていて、約4倍に増えていることが分かるね。

花　子：日本のどのような地域《ちいき》で外国人旅行者の延べ宿はく者数が増えているのかな。

太　郎：こんな資料（**図3**）があったよ。これは、長野県松本市《ながのけんまつもとし》、岐阜県高山市《ぎふけんたかやまし》、和歌山県《わかやまけん》西牟婁郡白浜町《にしむろぐんしらはまちょう》という三つの地域における外国人旅行者の延べ宿はく者数の移り変わりを示しているよ。

図3　三つの地域《ちいき》の外国人旅行者の延べ宿はく者数の移り変わり

長野県松本市《ながのけんまつもとし》

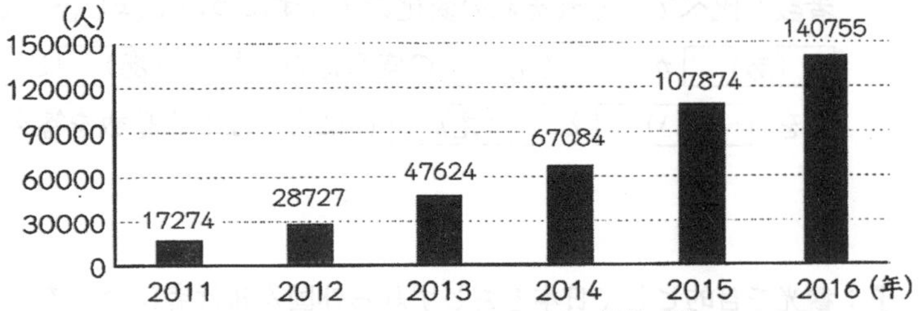

(長野県「長野県外国人延宿泊者数《のべしゅくはくしゃすう》調査結果」より作成)

岐阜県高山市《ぎふけんたかやまし》

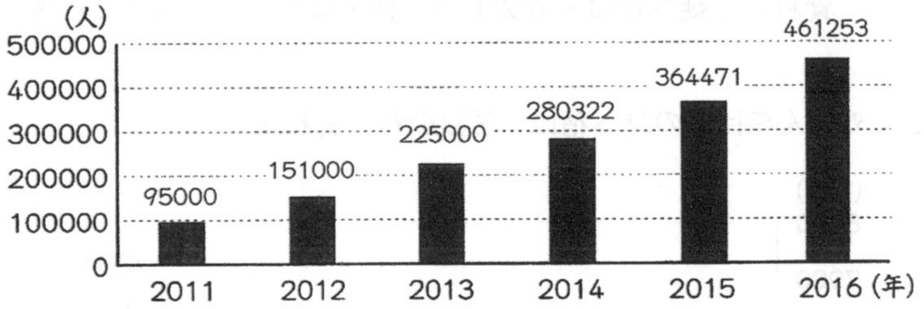

(高山市「高山市外国人観光客宿泊統計」より作成)

和歌山県西牟婁郡白浜町《わかやまけんにしむろぐんしらはまちょう》

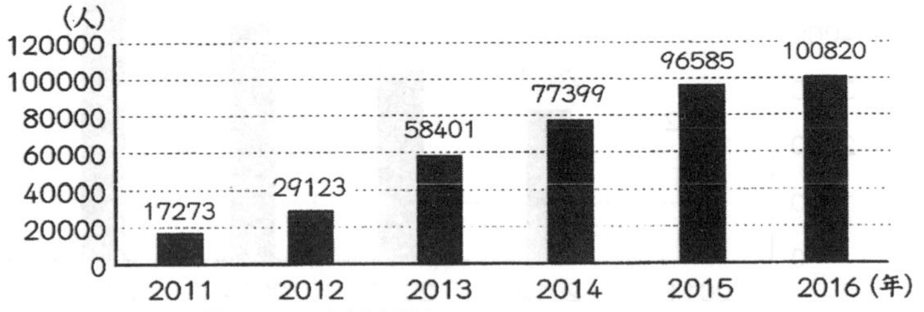

(一般《いっぱん》社団法人南紀白浜《なんきしらはま》観光局「平成３０年度事業計画」より作成)

花　子：この三つの地域は、外国人旅行者の延べ宿はく者数がここ数年で大はばに増えた地域だね。地図上の位置や、どのような地域かなどをもう少し調べてみようよ。(**図4**、**表1**、**表2**)

図4

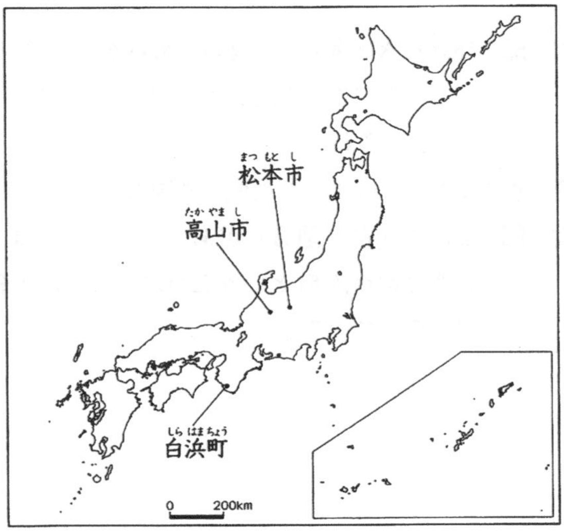

1

解答用紙　適性検査Ⅰ

（問題1）30点

70

60

（問題2）20点

50

60

（問題3）50点

0

受検番号

得点
※

※のらんには、記入しないこと

※100点満点

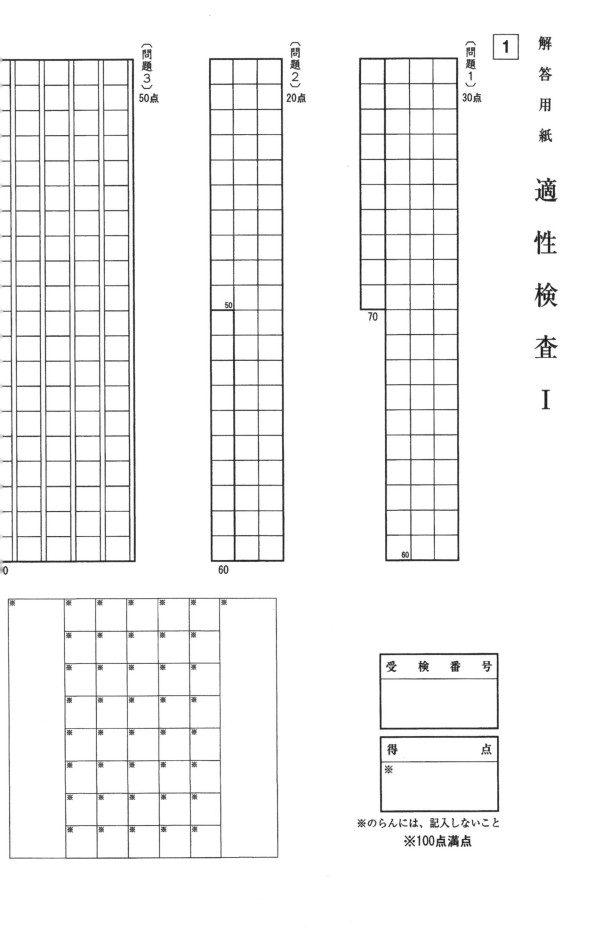

解答用紙　適性検査Ⅱ

受検番号

得点
※

※のらんには、記入しないこと

※100点満点

1

〔問題１〕8点

〔しおりにする前の状態〕

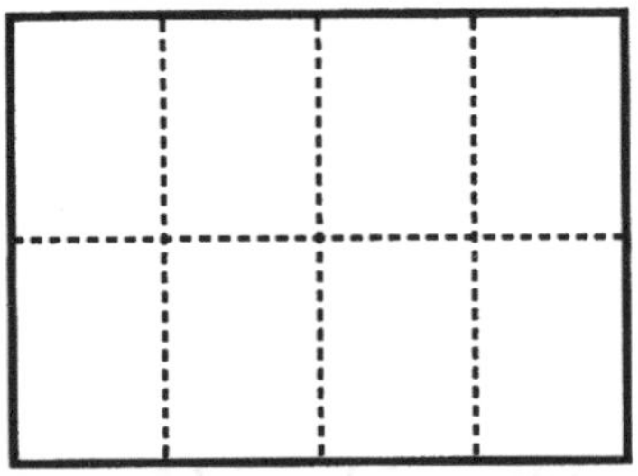

※

〔問題２〕16点

約束２で表現したときの漢字と数字の合計の個数	〔答え〕 個
漢字と数字の合計の個数が少ない約束	〔答え〕 約束

〔理由〕

※

〔問題３〕16点

〔「★」の位置に置くおもちゃの向き〕

（　　）

（　　）

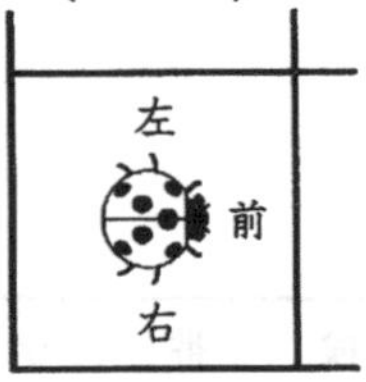

〔カードの並《なら》べ方〕

※

2

〔問題１〕12点

（あ）

（い）　　　　　　倍

（う）

（え）　　　　　　倍

※

〔問題２〕８点

〔選んだ地域《ちいき》〕

〔あなたの考え〕

※

〔問題３〕10点

〔役割《やくわり》１〕

〔役割２〕

※

3

〔問題1〕6点

〔比べたい紙〕	
〔基準にするもの〕	
〔和紙は水を何倍吸《す》うか〕	倍

※

〔問題2〕12点

〔選んだ紙〕	
〔せんいの向き〕	方向
〔理由〕	

※

〔問題3〕12点

(1)
(2)

※

500　460　400　300　200

※のらんには、記入しないこと

※	※	※	※	※	※	※
	※	※	※	※	※	
	※	※	※	※	※	
	※	※	※	※	※	
	※	※	※	※	※	
	※	※	※	※	※	
	※	※	※	※	※	
	※	※	※	※	※	

※	※	※	※	※	※	※
	※	※	※	※	※	
	※	※	※	※	※	
	※	※	※	※	※	
	※	※	※	※	※	
	※	※	※	※	※	
	※	※	※	※	※	
	※	※	※	※	※	

表1　花子さんが調べた三つの地域の主な観光資源《かんこうしげん》

松本市《まつもとし》	松本城《まつもとじょう》、スキー場、 古い街なみ、温泉《おんせん》、 そば打ち体験
高山市《たかやまし》	合しょう造りの民家、 豊かな自然、鍾乳洞《しょうにゅうどう》、 古い街なみ、温泉
白浜町《しらはまちょう》	砂浜《すなはま》、温泉、 美しい景観、パンダ

（各市町ホームページなどより作成）

表2　太郎《たろう》さんが調べた三つの地域が行っている外国人旅行者のための取り組み

松本市	・中部国際空港との連けい（鉄道やバスへのスムーズな乗りつぎなど） ・観光情報サイトのじゅう実 ・多言語表記などのかん境整備 ・観光産業をになう人材の確保と育成
高山市	・海外への職員派《は》けん ・多言語パンフレットの作成 ・伝統文化とふれ合う場の提供《ていきょう》 ・通訳《つうやく》案内士の養成
白浜町	・観光案内看板《かんばん》の多言語化 ・観光情報サイトのじゅう実 ・外国人向けの観光案内の動画作成 ・多言語によるアンケート調査

（各市町ホームページなどより作成）

太　郎：三つの地域にはいろいろな観光資源《かんこうしげん》があることが分かるね。

花　子：この三つの地域は、観光資源があることの他に、外国人旅行者におとずれてもらうために、さまざまな取り組みをしているね。

太　郎：外国人旅行者が旅行中に困《こま》ったことを調査した結果（**表3**）を見つけたけれど、このような資料を活用しながら、それぞれの取り組みを進めているのかな。

表3　日本をおとずれた外国人旅行者が旅行中に困《こま》ったこと

○情報通信かん境が十分でない。
○クレジットカード支はらいが利用できない場所がある。
○多言語対応が不十分である。
・し設等のスタッフとコミュニケーションがとれない。（英語が通じないなど）
・表示が少ない。分かりにくい。（観光案内板など）
・多言語の地図やパンフレットの入手場所が少ない。
・公共交通の利用方法が分からない。（乗りかえ方法など）
・外国の通貨を円に両がえできる場所が分からない。

（観光庁「訪日《ほうにち》外国人旅行者の国内における受入環境《うけいれかんきょう》整備に関するアンケート結果」平成29年より作成）

〔問題2〕　松本市、高山市、白浜町の三つの地域から一つを選び、その地域で外国人旅行者の延べ宿はく者数がここ数年で大はばに増えているのは、観光資源があることの他にどのような理由が考えられるか、**表2**と**表3**をふまえてあなたの考えを書きなさい。

花　子：外国人旅行者のためのパンフレットやガイドブックには、具体的にどのような工夫《くふう》がされているのかな。

太　郎：東京駅では日本語と日本語以外の言語で書かれている駅構内・周辺案内図があって、もらってきたので日本語の案内図と比べてみようよ。

花　子：案内図（**図5**、**図6**）には、いろいろなマークがたくさんかいてあるね。

太　郎：このマークは案内用図記号というそうだよ。

花　子：この案内図の中の「インフォメーションセンター（案内所）」、「エレベーター」、「郵便《ゆうびん》ポスト」、「バスのりば」を表すマーク（**図7**）は、今までに見かけたことがあるよ。

図5　日本語の東京駅構内・周辺案内図の一部

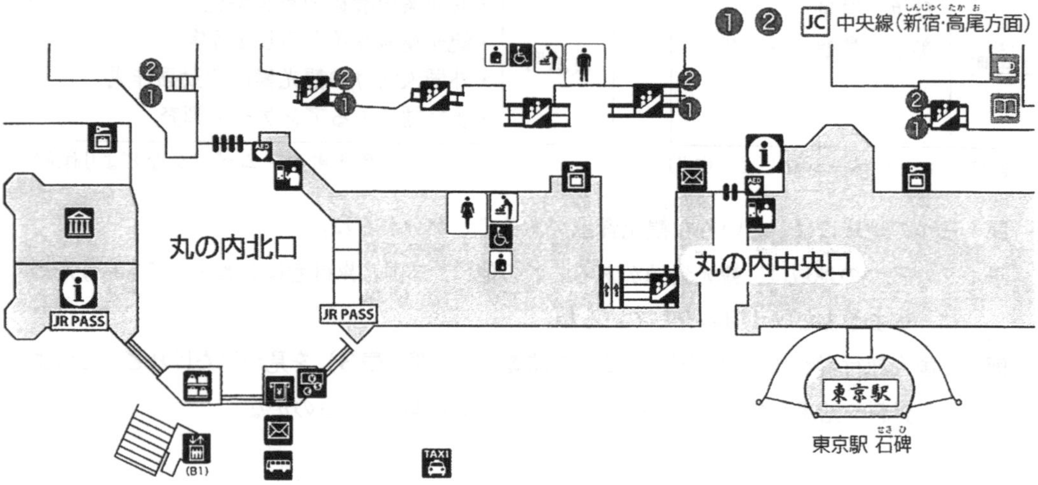

（東京ステーションシティー運営協議会「東京駅構内・周辺案内マップ」より作成）

図6　英語の東京駅構内・周辺案内図の一部

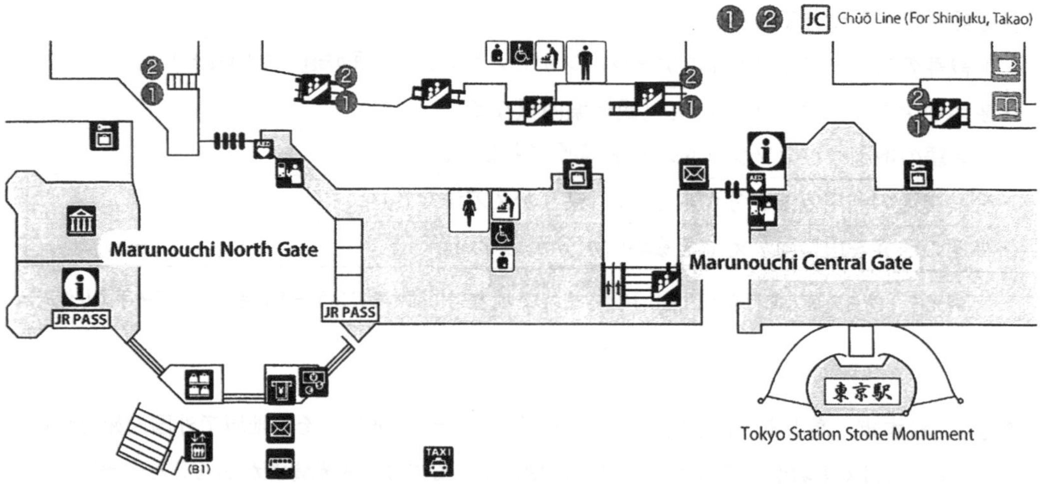

（東京ステーションシティー運営協議会「東京駅構内・周辺案内マップ」より作成）

図7　花子さんが今までに見かけたことがあるマーク

太　郎： このようなマークは外国人旅行者もふくめて、子供《こども》から高れい者まで、さまざまな人に役立っているようだね。

〔問題３〕　太郎さんは「さまざまな人に役立っているようだね。」と言っていますが、案内用図記号にはどのような役割《やくわり》があるか、あなたの考えを二つ説明しなさい。答えは、解答らんの役割１、役割２に分けて書きなさい。

このページには問題は印刷されていません。

3　**太郎**《たろう》さん、**花子**さん、**先生**が先日の校外学習について話をしています。

太　郎： 校外学習の紙すき体験で、和紙は水をよく吸《す》うと教えてもらったね。
花　子： 和紙と比べて、プリント用の紙、新聞紙、工作用紙などのふだん使っている紙は、水の吸いやすさにちがいがありそうだね。和紙と比べてみよう。

二人は先生のアドバイスを受けながら、和紙、プリント用の紙、新聞紙、工作用紙について、**実験１**をしました。

実験１　水の吸《す》いやすさを調べる実験

１　実験で使う紙の面積と重さをはかる。
２　容器に水を入れ、水の入った容器全体の重さを電子てんびんではかる。
３　この容器の中の水に紙を１分間ひたす。
４　紙をピンセットで容器の上に持ち上げ、３０秒間水を落とした後に取り除《のぞ》く。
５　残った水の入った容器全体の重さを電子てんびんではかる。
６　２の重さと５の重さの差を求め、容器から減った水の重さを求める。

太　郎： **実験１**の結果を**表１**のようにまとめたよ。
花　子： 容器から減った水の重さが多いほど、水を吸いやすい紙といえるのかな。
太　郎： 実験で使った紙は、面積も重さもそろっていないから、水の吸いやすさを比べるにはどちらか一方を基準にしたほうがいいよね。
花　子： 紙の面積と紙の重さのどちらを基準にしても、水の吸いやすさについて、比べることができるね。

表１　**実験１**の結果

	和紙	プリント用の紙	新聞紙	工作用紙
紙の面積（cm^2）	４０	８０	２００	５０
紙の重さ（g）	０．２	０．５	０．８	１．６
減った水の重さ（g）	０．８	０．７	２．１	２

〔問題１〕　和紙の水の吸いやすさについて、あなたが比べたい紙をプリント用の紙、新聞紙、工作用紙のうちから一つ選びなさい。さらに、紙の面積と紙の重さのどちらを基準にするかを書き、あなたが比べたい紙に対して、和紙は水を何倍吸うかを**表１**から求め、小数で答えなさい。ただし、答えが割《わ》りきれない場合、答えは小数第二位を四捨五入《ししゃごにゅう》して小数第一位までの数で表すこととする。

花　子：紙すき体験では、あみを和紙の原料が入った液に入れて、手であみを前後左右に動かしながら原料をすくったね。

太　郎：和紙の原料は、コウゾやミツマタなどの植物のせんいだったよ。

花　子：**図1**を見ると、和紙は、せんいの向きがあまりそろっていないことが分かるね。

図1　和紙のせんいの拡大写真《かくだいしゃしん》

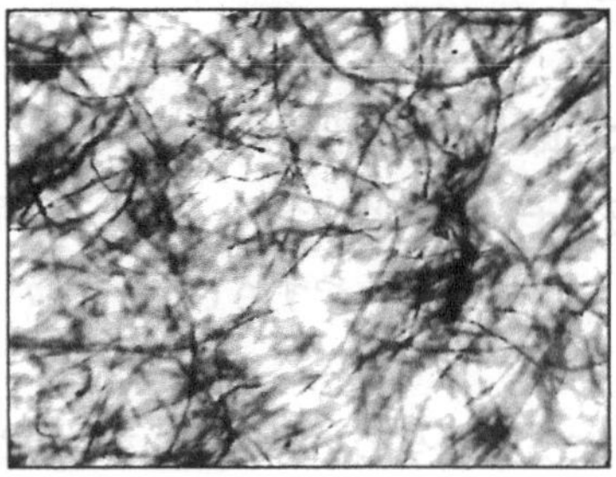

太　郎：ふだん使っている紙は、和紙とどのようにちがうのですか。

先　生：学校でふだん使っている紙の主な原料は、和紙とは別の植物のせんいです。また、機械を使って、あみを同じ向きに動かし、そこに原料をふきつけて紙を作っています。だから、和紙と比べると、より多くのせんいの向きがそろっています。

花　子：ふだん使っている紙のせんいの向きを調べてみたいです。

先生は、プリント用の紙、新聞紙、工作用紙のそれぞれについて、一つの角を選び、**A**方向・**B**方向と名前をつけて、**図2**のように示しました。

図2　方向の名前のつけ方

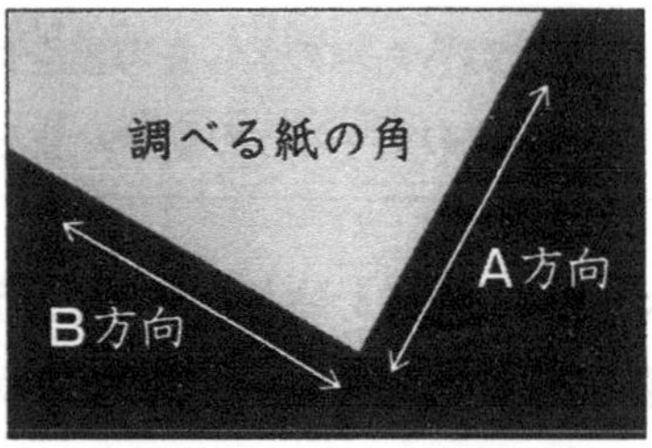

太　郎：それぞれの紙について、せんいの向きが**A**方向と**B**方向のどちらなのかを調べるには、どのような実験をしたらよいですか。

先　生：**実験2**と**実験3**があります。**実験2**は、紙の一方の面だけを水にぬらした時の紙の曲がり方を調べます。ぬらした時に曲がらない紙もありますが、曲がる紙については、曲がらない方向がせんいの向きです。

花　子：それぞれの紙について、先生が選んだ一つの角を使って同じ大きさの正方形に切り取り、**実験2**をやってみます。

実験2の結果は、**図3**のようになりました。

図3　**実験2**の結果

プリント用の紙	新聞紙	工作用紙
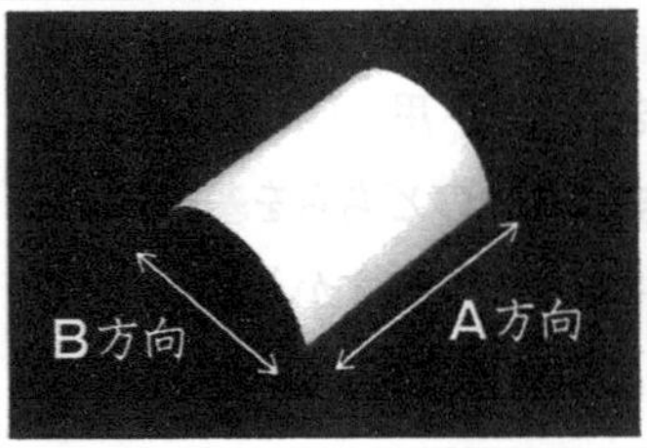	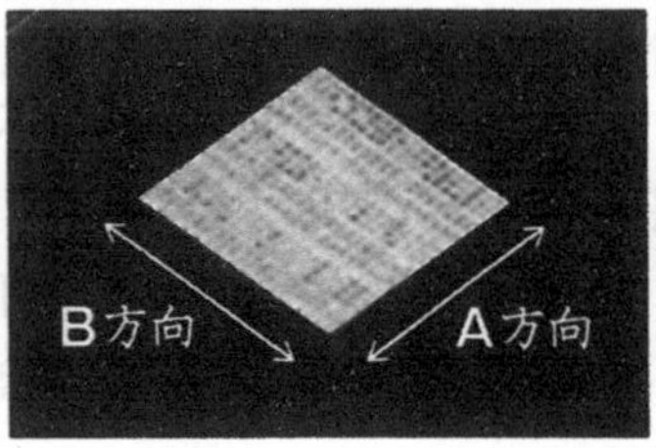	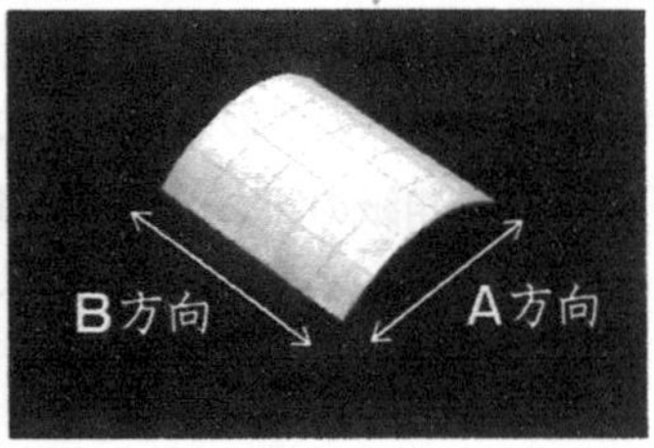

花　子：**実験3**はどのようなものですか。

先　生：短冊《たんざく》の形に切った紙の垂《な》れ下がり方のちがいを調べます。紙には、せんいの向きに沿《そ》って長く切られた短冊の方が垂れ下がりにくくなる性質がありますが、ちがいが分からない紙もあります。

太　郎：短冊は、同じ大きさにそろえた方がいいよね。

花　子：**A**方向と**B**方向は、紙を裏返《うらがえ》さずに**図2**で示された方向と同じにしないといけないね。

二人は、**図2**で先生が方向を示した紙について、**図4**のように**A**方向に長い短冊**A**と、**B**方向に長い短冊**B**を切り取りました。そして、それぞれの紙について**実験3**を行いました。その結果は、**図5**のようになりました。

図4　短冊《たんざく》の切り取り方

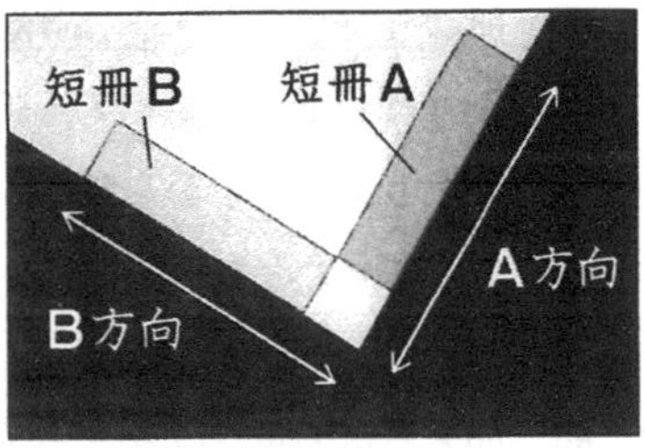

図5　**実験3**の結果

	プリント用の紙	新聞紙	工作用紙
短冊A	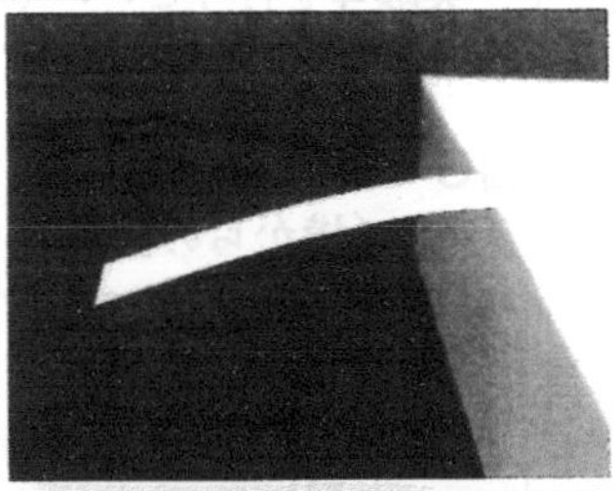	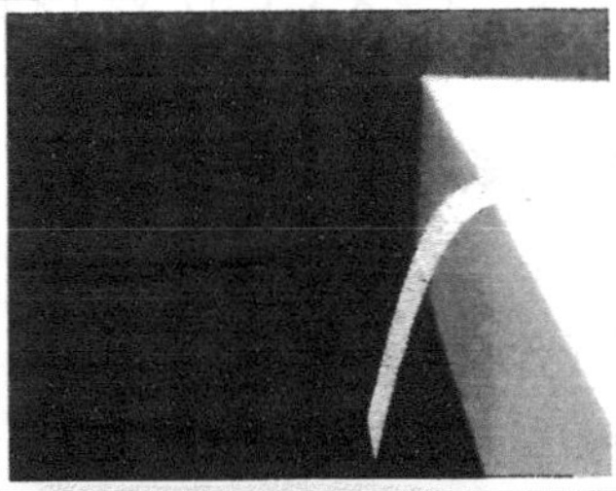	
短冊B	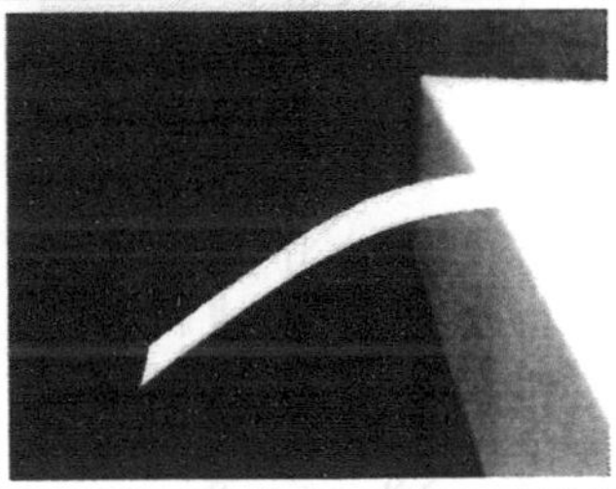	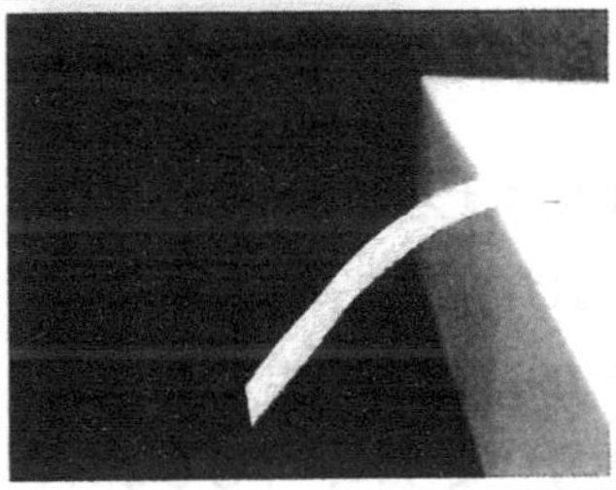	

太　郎：**実験2**と**実験3**の結果を合わせれば、プリント用の紙、新聞紙、工作用紙のせんいの向きが分かりそうですね。

〔問題2〕　プリント用の紙、新聞紙、工作用紙のうちから一つ選び、選んだ紙のせんいの向きは、**図2**で示された**A**方向と**B**方向のどちらなのか答えなさい。また、そのように答えた理由を**実験2**の結果と**実験3**の結果にそれぞれふれて説明しなさい。

太　郎：私《わたし》たちが校外学習ですいた和紙を画用紙にはって、ろう下のかべに展示《てんじ》しようよ。

先　生：昔から使われているのりと同じようなのりを使うといいですよ。

花　子：どのようなのりを使っていたのですか。

先　生：でんぷんの粉と水で作られたのりです。それをはけでぬって使っていました。次のような手順でのりを作ることができます。

> **〔のりの作り方〕**
> 1　紙コップに２gのでんぷんの粉を入れ、水を加える。
> 2　割《わ》りばしでよく混ぜて、紙コップを電子レンジに入れて２０秒間加熱する。
> 3　電子レンジの中から紙コップを取り出す。
> 4　ふっとうするまで２と３をくり返し、３のときにふっとうしていたら、冷ます。

太　郎：加える水の重さは決まっていないのですか。

先　生：加える水の重さによって、紙をはりつけたときのはがれにくさが変わります。

花　子：なるべく紙がはがれにくくなるのりを作るために加える水の重さを調べたいです。

先　生：そのためには、加える水の重さを変えてできたのりを使って、**実験４**を行うといいです。

太　郎：どのような実験ですか。

先　生：**実験４**は、和紙をのりで画用紙にはってから1日おいた後、**図6**のようにつけたおもりの数を調べる実験です。同じ重さのおもりを一つずつ増やし、和紙が画用紙からはがれたときのおもりの数を記録します。

花　子：おもりの数が多いほど、はがれにくいということですね。

先　生：その通りです。ここに実験をするためのでんぷんの粉が5回分ありますよ。はけでぬるためには、加える水の重さは1回あたり５０g以上は必要です。また、紙コップからふきこぼれないように、１５０g以下にしておきましょう。

太　郎：のりしろは5回とも同じがいいですね。

図6　実験４のようす
（横からの図）

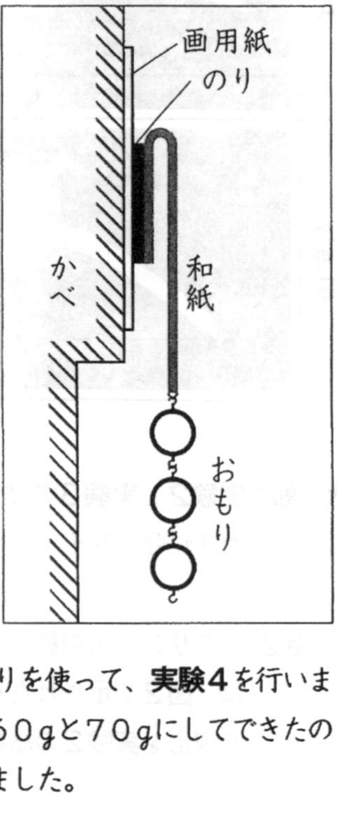

二人は、１回めとして、加える水の重さを５０gにしてできたのりを使って、**実験４**を行いました。そして、２回めと3回めとして、加える水の重さをそれぞれ６０gと７０gにしてできたのりを使って、**実験４**を行いました。その結果は、**表2**のようになりました。

表2　１回めから３回めまでの**実験４**の結果

	１回め	２回め	３回め
加える水の重さ（g）	５０	６０	７０
おもりの数（個）	４４	４６	５３

花　子：さらに加える水を増やしたら、どうなるのかな。たくさん実験したいけれども、でんぷんの粉はあと２回分しか残っていないよ。

先　生：では、あと２回の実験で、なるべく紙がはがれにくくなるのりを作るために加える水の重さを何gにすればよいか調べてみましょう。のりを作る手順は今までと同じにして、４回めと５回めの**実験４**の計画を立ててみてください。

太　郎：では、４回めは、加える水の重さを１００gにしてやってみようよ。

花　子：5回めは、加える水の重さを何gにしたらいいかな。

太　郎：それは、４回めの結果をふまえて考える必要があると思うよ。

花　子：なるほど。４回めで、もし、おもりの数が［　**(あ)**　］だとすると、次の5回めは、加える水の重さを［　**(い)**　］にするといいね。

先　生：なるべく紙がはがれにくくなるのりを作るために、見通しをもった実験の計画を立てることが大切ですね。

〔問題３〕（１）　５回めの**実験４**に使うのりを作るときに加える水の重さを考えます。あなたの考えにもっとも近い［　**(あ)**　］と［　**(い)**　］の組み合わせを、次の**A**～**D**のうちから一つ選び、記号で書きなさい。

A　**(あ)** ３５個　**(い)**　８０g
B　**(あ)** ４５個　**(い)** １１０g
C　**(あ)** ６０個　**(い)**　９０g
D　**(あ)** ７０個　**(い)** １３０g

（2）　あなたが（1）で選んだ組み合わせで実験を行うと、なぜ、なるべく紙がはがれにくくなるのりを作るために加える水の重さを調べることができるのですか。３回めの**実験４**の結果と関連付けて、理由を説明しなさい。